DESPERTAR
UMA ATITUDE DE BUSCA

Dados Internacionais de Catalogação na Publicação (CIP)
(Câmara Brasileira do Livro, SP, Brasil)

Pagola, José Antonio
  Despertar uma atitude de busca / José Antonio Pagola ; tradução Salmer Borges. – Petrópolis, RJ : Vozes, 2022. – (Série Recuperar Jesus como Mestre Interior)

  Título original: Jesús, maestro interior
  ISBN 978-65-5713-482-5

  1. Atitudes – Aspectos religiosos 2. Cristianismo 3. Jesus Cristo – Ensinamentos 4. Literatura devocional 5. Oração 6. Vida cristã I. Título. II. Série.

  21-89093   CDD-241.5

Índices para catálogo sistemático:
  1. Jesus Cristo : Ensinamentos : Vida cristã   241.5

Maria Alice Ferreira – Bibliotecária – CRB-8/7964

SÉRIE
RECUPERAR JESUS
COMO MESTRE INTERIOR

DESPERTAR
UMA ATITUDE DE BUSCA

José Antonio Pagola

Tradução de Salmer Borges

EDITORA
VOZES

Petrópolis

© 2019, José Antonio Pagola
© 2019, PPC, Editorial y Distribuidora, S.A.

Tradução realizada a partir do original em espanhol intitulado *Jesús, maestro interior – Lectura orante del Evangelio. 2. Primeros Pasos.*

Direitos de publicação em língua portuguesa – Brasil.
2022, Editora Vozes Ltda.
Rua Frei Luís, 100
25689-900 Petrópolis, RJ
www.vozes.com.br
Brasil

Todos os direitos reservados. Nenhuma parte desta obra poderá ser reproduzida ou transmitida por qualquer forma e/ou quaisquer meios (eletrônico ou mecânico, incluindo fotocópia e gravação) ou arquivada em qualquer sistema ou banco de dados sem permissão escrita da editora.

CONSELHO EDITORIAL

Diretor
Gilberto Gonçalves Garcia

Editores
Aline dos Santos Carneiro
Edrian Josué Pasini
Marilac Loraine Oleniki
Welder Lancieri Marchini

Conselheiros
Francisco Morás
Ludovico Garmus
Teobaldo Heidemann
Volney J. Berkenbrock

Secretário executivo
Leonardo A.R.T. dos Santos

Editoração: Maria da Conceição B. de Sousa
Diagramação: Sheilandre Desenv. Gráfico
Revisão gráfica: Fernando Sergio O. da Rocha
Capa: Érico Lebedenco
Ilustração de capa: Cristo lavando os pés dos discípulos.
Benvenuto Tisi, cerca de 1520/1525.

ISBN 978-65-5713-482-5 (Brasil)
ISBN 978-84-288-3486-5 (Espanha)

Este livro foi composto e impresso pela Editora Vozes Ltda.

Sumário

Observações úteis para praticar a leitura orante do Evangelho, 7

Encontro em grupo, 13

Sugestões para o guia, 15

Capítulo 1 Despertar em nós a atitude de busca, 17

    1 O que buscais? (Jo 1,35-39), 20

    2 Pede, procura, chama (Lc 11,9-13), 29

Capítulo 2 Acolher o Espírito de Jesus, 37

    3 Recebei o Espírito Santo (Jo 20,19-22), 40

    4 Ânimo! Sou eu. Não temais (Mt 14,24-33), 51

    5 Vinde a mim todos os que estão cansados e sobrecarregados (Mt 11,25-30), 62

Capítulo 3 Escutar Jesus como mestre em nosso interior, 73

    6 Buscar Jesus como Mestre em nosso interior (Jo 20,11-18), 76

    7 Abrirmo-nos a Deus para ouvir sua boa-nova (Mc 7,31-37), 87

    8 Sentarmo-nos para ouvir a palavra de Jesus como discípulos (Lc 10,38-42), 97

    9 Permanecermos na palavra de Jesus (Jo 8,31-36), 108

    10 Este é meu Filho amado. Escutai-o (Mt 17,1-8), 117

Capítulo 4 Abrirmo-nos para o mistério de Deus no segredo do coração, 129

11 Orar ao Pai em segredo e sem muitas palavras (Mt 6,5-8), 132

12 Jesus se retirava para orar em lugares afastados (Mt 1,35-39), 143

Vocabulário pedagógico, 153

Índice litúrgico, 161

Observações úteis para praticar a leitura orante do Evangelho

1 Observação. Aqueles que desejam praticar a *leitura orante do Evangelho* devem ler cuidadosamente minha apresentação dessa prática na obra *A renovação do cristianismo* [Série Recuperar Jesus como Mestre interior]. Petrópolis: Vozes, 2022 cap. 10. Isso os ajudará a compreender e praticar a leitura orante do Evangelho desde o início, inspirada na tradição da *lectio divina.*

2 Aviso importante. Quem faz a leitura orante do Evangelho nunca deve esquecer de que todas as orientações e sugestões contidas neste livro não devem substituir ou suplantar sua própria atividade pessoal. Isso significa que toda pessoa deve decidir quanto tempo dedicará a cada texto do Evangelho e em cada momento (leitura, oração...). Também deverá ver quais sugestões o ajudam e quais deixará de lado ao meditar, orar. Essa responsabilidade pessoal é fundamental para uma leitura eficaz do Evangelho.

3 Ritmo semanal. Devido ao estilo de vida atual e às dificuldades que temos para encontrar um tempo de recolhimento e silêncio, propomos que seja dedicada uma semana a cada texto evangélico, de tal forma que cada pessoa encontre os dias e os horários mais adequados para fazer sua leitura orante.

4 *Antes de iniciar a sessão.* Ao começar a sessão e antes de iniciar a leitura do Evangelho cada um deverá ter o cuidado de se recolher. Portanto, fechamos os olhos... relaxamos... respiramos com calma, devagar, sem forçar. Estamos silenciando nosso ruído interno. Tomamos consciência do que vamos fazer: "Vou ouvir Jesus, Deus vai falar comigo por meio dele. O que vou ouvir neste momento da minha vida?" Podemos repetir alguma invocação duas ou mais vezes: "Jesus está em mim", "Tu me olhas com amor", "Tuas palavras são espírito e vida", "Senhor, mostra-me o Pai". É bom que todos aprendam a se recolher e fazer silêncio de forma pessoal e criativa. Essa breve pausa para dispor nosso coração pode mudar profundamente nossa experiência com o Evangelho.

5 *Leitura indicada do texto evangélico.* Se necessário, podemos ler mais de uma vez. Lemos o texto muito devagar. Não temos pressa. O importante é captar bem o que o texto quer nos comunicar. Se lermos devagar, muitas palavras que ouvimos tantas vezes de forma rotineira começarão a tocar nosso coração. Depois de ler o texto, quem quiser pode ler o comentário que faço para captar e entender melhor o que o autor diz.

Em todo caso, temos que nos concentrar nas *palavras* que mais chamam a nossa atenção. Mas, acima de tudo, devemos focar nossa atenção em Jesus. Precisamos ter uma boa compreensão do que Ele diz e do que faz. Temos que gravar suas palavras e seus gestos em nós. Aos poucos, descobriremos o estilo de vida de Jesus. E, pouco a pouco, Ele nos ensinará a viver como Ele.

6 *A meditação.* Não basta entender bem o texto escrito pelo evangelista. Essa leitura ainda é algo externo que só pode permanecer em nossa mente. Agora, em meditação, dispomo-nos a ouvir interiormente a mensagem que vem de Jesus, nosso Mestre interior. E fazemos isso repetindo e saboreando as palavras e os gestos de Jesus, ouviremos seus chamados, verdades que nos iluminam, novos caminhos que nos atraem a Ele...

O livro oferece várias sugestões para ouvir internamente a mensagem que vem de suas palavras ou de seus gestos. Cada um pode escolher aquelas que ajudem a ouvir melhor o que Jesus comunica a ele pessoalmente.

7 *A oração.* Até agora ouvimos o Evangelho e meditamos sobre a mensagem de Jesus, nosso Mestre interior. Neste momento, vamos responder. E fazemos isso do fundo do nosso coração. Nossa gratidão despertará em nós um diálogo simples com Jesus. Essa oração pode ser muito variada: gratidão pela luz que recebemos, uma invocação para que reavive a nossa fé, um desejo sincero de percorrer os caminhos concretos que se abrem para nós, uma decisão de continuar a nos libertarmos do nosso falso ego.

O livro oferece sugestões para despertar esta oração dirigida a Jesus, mas cada um deve ver se lhe ajuda a manter um diálogo sincero e autêntico com Jesus, que nasce do próprio coração.

8 A contemplação. Dessa oração de agradecimento, passamos quase naturalmente para o que a tradição chama de *contemplação*; isto é, uma oração de quietude e descanso somente em Deus. Aproximamo-nos dessa contemplação quando silenciamos todos os nossos ruídos e permanecemos em silêncio interior, repousando no mistério do amor insondável de Deus.

Essa contemplação não é algo reservado a pessoas selecionadas. Não devemos nos preocupar se alcançamos ou não uma oração verdadeiramente contemplativa. Se nos distraímos, pacientemente voltamos a nos concentrar. O livro oferece algumas breves invocações, tiradas dos Salmos, para levar nosso coração ao silêncio contemplativo.

9 O compromisso. A leitura orante do Evangelho não termina na contemplação, mas na nossa vida cotidiana, pois o verdadeiro critério do nosso encontro com Jesus, nosso Mestre interior, e com Deus, é a conversão prática. Ao longo do nosso caminho, a leitura orante do Evangelho nos convidará de forma permanente a tomar decisões para renovar vários aspectos da nossa vida cristã.

Essa renovação interior vai se concretizar principalmente em duas direções: aprender a viver especificamente a espiritualidade de Jesus nesses tempos de crise e, consequentemente, aprender a viver abrindo caminhos concretos para o projeto humanizador do Pai: o que Jesus chamava de *Reino de Deus*. As sugestões deste livro têm como objetivo apenas lembrar a todos o convite para fazer e revisar nossos compromissos pessoais. Dessa forma, evitaremos praticar uma leitura do Evangelho desprovida de verdadeira conversão.

10 As sugestões que aparecem no final de cada tópico sobre orações para fazer em grupo e informações sobre cânticos, embora possam ser úteis para todos, devem ser utilizadas mais precisamente nas sessões que são realizadas grupalmente em paróquias, mosteiros ou centros de meditação.

Encontro em grupo

1 Antes do encontro

  1 Prepare e cuide do local
- Oratório
- Capela em algumas paróquias
- Mosteiro

  2 Ambiente com algum sinal, se parecer apropriado
- Bíblia
- Ícone
- Vela acesa

  3 Música suave, se parecer apropriado

  4 Assentos confortáveis

  5 Entre e sente-se em silêncio

2 Características do encontro

  1 Deve ser conduzido por um guia

  2 Duração: cerca de uma hora

  3 Texto evangélico: o que foi trabalhado em casa

  4 Em silêncio: só deve ser interrompido para cantar ou fazer uma oração

3 Roteiro do encontro

  1 Preparação inicial
- Canto de entrada
- Convite (guia)
- Breve silêncio

2 Proclamação do Evangelho (o tempo necessário)
- Breve convite (guia)
- Proclamação do texto por um participante
- Silêncio: os participantes podem ler o texto em seu livro
- Canto

3 Meditação sobre o Evangelho e diálogo com Jesus (15min)
- Convite (guia)
- Silêncio

4 Compartilhar a experiência vivida ao fazer a leitura orante do texto (o tempo necessário)

5 Despedida
- Canto ou oração
- Pai-nosso (todos juntos, de pé)
- Abraço de paz

Sugestões para o guia

Observação. A melhor preparação para orientar o encontro é fazer previamente a leitura orante do texto que será proclamado na paróquia, mosteiro ou casa de espiritualidade.

1 Sugestões para o início do encontro

1 Primeiras palavras
- Sentamos confortavelmente, relaxamos.
- Tomamos consciência da nossa respiração. Respiramos devagar, com calma, sem forçar.
- Estamos silenciando nosso ruído interno. Ficamos em silêncio.

2 Repetir
– Senhor Jesus, Tu estás no meu coração (de duas a quatro vezes).

– Senhor Jesus, Tu estás no mais íntimo do meu ser (de duas a quatro vezes).

3 Repetir estas ou outras frases:
– Jesus, Tu me olhas com amor.

– Tu me amas como eu sou.

– Tu me amas com ternura.

– Eu te sinto perto de mim.

– Eu preciso da tua ajuda.

– Tu me dás paz.

2 Ao proclamar o Evangelho

– Tuas palavras são espírito e vida.

– Tu tens palavras de vida eterna.

– Mestre, onde vives?

– Senhor, desejo abrir o meu coração.

3 Ao iniciar a meditação do Evangelho

– Eu creio, Senhor, ajuda minha pouca fé.

– Faça-se em mim segundo a tua palavra.

– Senhor, se quiserdes, podes me limpar.

– Tu sabes tudo. Tu sabes que eu te amo.

– Mestre, quero voltar a te ver.

– Tem compaixão de mim, eu sou um pecador.

– Senhor, dá-me dessa água, e não terei mais sede.

4 Ação de graças ao final do encontro

– É bom dar graças ao Senhor.

– Meu Deus, vou te agradecer para sempre.

– Damos graças ao Senhor porque Ele é bom.

– Nós te damos graças porque Tu nos ouviste.

– Minha alma, recupera tua calma, o Senhor tem sido bom para ti.

– O Senhor tem sido grande conosco, e estamos felizes.

Capítulo 1

Despertar em nós a atitude de busca

Sinais do nosso tempo em tempos de descrença

Provavelmente, a descrença sempre existiu ao longo da história da humanidade. Mas todas as análises apontam para um fato óbvio. Na sociedade pós-moderna de hoje, estamos testemunhando uma descrença em massa pela primeira vez. Essa descrença é gerada e impulsionada pela convicção de que eliminar a crença em Deus é o passo decisivo para alcançar a libertação completa do homem e da sociedade.

Por isso, a descrença de nossos dias tem sido descrita como *pós-religiosa* e *pós-cristã*. Isso significa que essa descrença não significa apenas ignorar a fé em Deus; no fundo, o que se pretende é substituir uma cultura até agora devota por outra em que se aprende a ser, sentir, pensar, viver e morrer de forma incrédula. Como nós, cristãos, estamos reagindo a essa descrença que está penetrando fortemente em nossa sociedade? Vou apontar apenas três atitudes básicas.

Muitos cristãos consideram a descrença um perigo que vem de fora e pode destruir o pouco que resta da vida cristã entre nós. Nessa visão radicalmente pessimista, o importante é lutar contra a descrença voltando ao passado para buscar segurança nas verdades absolutas, na ortodoxia, no autoritarismo, na disciplina... (fundamentalismo) ou para resgatar práticas, costumes, crenças, devoções do passado (neoconservadorismo).

Para outros cristãos, a descrença é uma tentação. Até agora, sua fé se baseava muito na tradição familiar e no ambiente social, mas agora se defendem o melhor que podem: vivem em uma permanente *crise de fé*. Alguns estão descobrindo que a fé só pode ser vivida hoje na atitude daquele desconhecido que se dirigiu a Jesus com estas palavras: "Eu creio, Senhor, mas vem em socorro da minha incredulidade".

Mas também existem comunidades e grupos em que os cristãos veem essa descrença como um *sinal dos tempos*. Esta crise sem precedentes do cristianismo é, ao mesmo tempo, um chamado a uma conversão sem precedentes. Um chamado para purificar práticas, crenças, costumes ou tradições desprovidos de verdade evangélica; um chamado à conversão pessoal sobre a qual sempre repousa a vida cristã; um chamado à renovação interior do nosso modo de viver a fé; um chamado para nos tornarmos verdadeiros discípulos a partir da sensibilidade dos nossos tempos.

Tudo isso exige que se desperte em nós a *atitude de busca*. Não podemos continuar a viver a fé como temos feito até agora. Não podemos limitar o cristianismo a uma cultura anacrônica que pertence ao passado. Devemos ser testemunhas de um *Deus contemporâneo*; isto é, do Deus vivo, encarnado em Jesus e apresentado aos homens e às mulheres como realmente são hoje. E não só isso. Devemos procurar ser *fiéis no futuro*, pois o Espírito sempre impulsiona a Igreja *para anunciar o Evangelho como uma história que ainda não chegou.*

1

O que buscais? (Jo 1,35-39)

Ao iniciar a sessão

Fechamos os olhos... relaxamos... respiramos com calma. Vou ouvir Jesus, meu Mestre interior. Deus vai falar comigo por meio dele. "Jesus, tuas palavras são espírito e vida."

Jo 1,35-39

[35]João estava com dois de seus discípulos [36]e, ao perceber que Jesus que passava, disse: Este é o Cordeiro de Deus. [37]Os dois discípulos ouviram suas palavras e seguiram Jesus. [38]Jesus se virou, ao ver que o seguiam, e perguntou a eles: – O que buscais? Eles responderam: – *Rabbi* (que significa Mestre), onde moras? [39]E Jesus respondeu: – Vinde e vereis. Então foram, viram onde Ele morava e ficaram com Ele naquele dia. Eram mais ou menos quatro horas da tarde.

Estamos no início da nossa jornada. Vamos ouvir uma pergunta importante de Jesus: "O que buscais?" Com esta pergunta, Jesus pode despertar em nós aquela atitude de busca tão importante para iniciar a nossa jornada. O que realmente estou procurando agora?

Leitura

O evangelista narra como nasceu o grupo de discípulos de Jesus. O texto evangélico inclui dois momentos e uma conclusão. Na primeira cena, João Batista orienta dois de seus discípulos a seguir Jesus. Na segunda cena, descreve como os dois discípulos entram em contato com Jesus, seu novo Mestre. Na conclusão, diz que os dois discípulos viram onde Ele morava e ficaram com Ele.

1 Primeira cena: guiados por Batista, dois discípulos entram em contato com Jesus (v. 35-37)

O Batista é acompanhado por dois de seus discípulos. Sem dúvida, ouviram sua pregação e foram batizados nas águas do Rio Jordão, perto do lugar onde estão nesse momento. O Batista os ensinou a viver esperando a chegada de alguém que é maior do que ele. Sua chegada é imediata. Inclusive, pouco antes, ele ousou dizer a eles: "Eu batizo com água, mas, no meio de vocês, há alguém que vocês não conhecem e que vem depois de mim, e não sou digno de desamarrar os cordões de suas sandálias" (Jo 1,27-28). Todos devem estar atentos à sua chegada.

De repente, João vê que Jesus *passava* por ali. Não diz de onde vem nem para onde vai. Não para ao lado de João. Passa desse grupo que busca ser purificado de seus pecados nas águas do Jordão. João o observa e imediatamente comunica aos seus discípulos: "Este é o Cordeiro de Deus".

Jesus vem de Deus, não com poder ou glória, mas como um cordeiro indefeso e frágil. Nunca se imporá à força nem obrigará que ninguém acredite nele. Nunca se defenderá. Um dia, Ele será sacrificado na cruz. Quem quiser segui-lo terá que recebê-lo livremente.

Certamente, os dois discípulos não conseguem entender muito. Jesus continua sendo um estranho para eles, mas, quando ouvem João Batista, algo desperta dentro deles. Abandonam aquele que até agora fora seu profeta e mestre e seguem Jesus. Distanciam-se de Batista e iniciam um novo caminho.

O texto diz isso claramente: "Ouviram João e seguiram Jesus". Assim, muitas vezes, começa o seguimento de Jesus. Essas palavras enfatizam como as pessoas que ajudam os outros a se relacionar com Jesus são importantes. Esses dois discípulos encontraram Jesus por meio das palavras e da orientação de João. Não devemos nos esquecer disso.

2 Segunda cena: primeiro diálogo com Jesus (v. 38-39a)

Os dois discípulos que ouviram João começam a seguir Jesus sem dizer nenhuma palavra. Ainda não tiveram um contato pessoal com Ele. Há algo em Jesus que os atraía, embora ainda não sabiam quem Ele era nem para onde os levava. No entanto, para seguir Jesus, não basta ouvir o que os outros nos dizem sobre Ele. É preciso viver uma experiência pessoal.

É Jesus quem quebrou o silêncio. Durante certo tempo, os discípulos caminhavam atrás dele, e Jesus sabia que o estavam seguindo. O texto sugere que, quando alguém se aproximava de Jesus, é Ele quem ia ao seu encontro.

"O que buscais?" É a primeira palavra de Jesus no Evangelho de João e também a pergunta que, por meio do Evangelho, Jesus faz aos leitores de todos os tempos: O que buscais? O que esperais de mim? Por que seguis justamente a mim?"

"Mestre, onde viveis?" A resposta dos discípulos é decisiva nesse relato do Evangelho. O título com que se dirigem a Jesus já é significativo: "Mestre". Os dois discípulos sentem que Jesus é alguém que pode ensiná-los a viver. E não só isso. Eles estão dispostos a se tornar discípulos. É o primeiro passo. Onde viveis? Onde está o segredo da tua vida? O que é viver para ti? Jesus os está conduzindo a um lugar novo, e eles querem conhecê-lo: Onde viveis? Esses dois discípulos não estão procurando novas doutrinas em Jesus. Querem aprender com Ele uma maneira diferente de viver que ainda não conhecem: sentem-se atraídos por aprender a viver como Ele. O texto faz a mesma pergunta a quem quer viver como Jesus: Onde podemos encontrá-lo hoje? Onde vivenciar seu estilo de vida?

"Vinde e vereis." Essa é a resposta de Jesus. Fazei vós mesmos a experiência. Não procurai informações com outras pessoas. Vinde a viver comigo e vos mostrarei como vivo, como oriento minha vida, o que faço e o que me faz viver. Assim diz o texto do Evangelho: só tendo a experiência de um encontro pessoal e vivo com Ele, é possível ser discípulo de Jesus.

3 Conclusão (v. 39b)

"Eles foram, viram onde Ele morava e ficaram com Ele." Os discípulos ouviam Jesus e tomaram a decisão que mudaria suas vidas para sempre. Então se esqueceram de João, deixaram outros caminhos e ficaram com Jesus. Entraram em contato com o lugar onde Ele morava. Entraram em seu mundo e ficaram com Ele.

Os três verbos usados pelo autor expressam com precisão e clareza o caminho que leva à verdadeira fé. Para conhecer Jesus não basta ouvirmos falar dele, não basta obter informações sobre suas obras e suas palavras. Precisamos nos encontrar com Ele, viver onde mora e ficar com Ele. A leitura orante do Evangelho nos oferece um dos melhores caminhos para ir até Jesus, contemplar como Ele vive e nos deixarmos ensinar por suas palavras.

Este texto que estamos lendo é de grande importância para nós. Ouvimos as primeiras palavras que Jesus profere no Evangelho de João. Oferece-nos o primeiro diálogo que Jesus mantém com aqueles que começam a segui-lo. Indica-nos com que atitude podemos começar a praticar a leitura orante do Evangelho. Em poucas palavras, diz-nos o essencial com mais exatidão do que muitas palavras complicadas.

Meditação

É hora de meditar sobre o que lemos. Neste momento, dispomo-nos a ouvir Jesus, nosso Mestre interior. Ele está dentro de mim. O que Ele me diz por meio desse texto?

1 Primeira cena: guiados por Batista, dois discípulos entram em contato com Jesus

Lemos com atenção como ocorre o encontro de dois discípulos do Batista com Jesus (v. 35-37)

Eu já senti que Jesus passava pela minha vida?

• Está passando hoje? Neste momento?

• O que me atrai a me encontrar com Jesus?

2 Segunda cena: primeiro diálogo com Jesus

Lemos pausadamente o primeiro diálogo entre Jesus e os dois discípulos (v. 38-39a). Saboreamos a leitura, gravamo-la em nosso interior.

"O que buscais?"

• Como posso responder a essa pergunta de Jesus?

• O que estou procurando, especialmente neste momento?

• O que eu espero dele?

"Mestre, onde viveis?"

• Sinto Jesus como meu Mestre? Estou disposto a me deixar ser ensinado por Ele?

• Aprender a viver como Ele me atrai?

• O que mais preciso aprender com Ele?

"Vinde e vereis"

• Como posso responder a esse chamado de Jesus?

Eu me sinto chamado a procurá-lo dentro de mim como meu Mestre?

3 Conclusão

Lemos a conclusão do relato tomando consciência de seu conteúdo (v. 39b).

Quero "ficar" com Jesus e aprender a viver como Ele?

• Eu me comprometo a praticar a leitura orante do Evangelho?

Oração

Até agora estávamos recebendo a luz de Jesus e acolhendo seus chamados. Chegou a hora de responder e dialogar com Ele. Dou algumas sugestões para quem quiser um ponto de partida.

– Enche-me de alegria saber que Tu continuas passando pela minha vida. Nunca vou agradecer o suficiente.

– Quero iniciar um novo caminho para seguir-te com mais lealdade. Preciso da tua ajuda mais do que nunca. Como Tu me vês?

– Tu me perguntas o que estou procurando quando me aproximo de ti. Acho que nunca tinha ouvido essas palavras de ti. Não sei se está claro para mim. Dá-me tua luz.

– Tudo mudaria se eu pudesse aprender a viver contigo. O que Tu podes fazer por mim?

– "Vinde comigo e vereis." Como tuas palavras me encorajam! Sinto que são reais. Eu te escuto em silêncio.

Contemplação

Acalmamos nossa mente e ficamos em silêncio, atentos apenas à presença de Deus em nós, descansando no mistério de seu amor insondável. Se nos distrairmos, não vamos perder a calma. Com paciência, voltaremos ao silêncio sempre que for necessário. Aos que desejarem, sugiro umas breves palavras tiradas dos Salmos para dispor o coração ao silêncio contemplativo.

- Tu és muito bom (Sl 51,11).
- O Senhor me cerca com sua misericórdia e seu afeto (Sl 102,4).
- Meu coração se alegra e canta para Ele com gratidão (Sl 27,7).

Compromisso

É hora de passar da minha leitura orante do Evangelho para o Evangelho traduzido na minha vida. Existem várias possibilidades.

- Eu me comprometo a semana toda.
- Tomo uma decisão por um tempo determinado.
- Especifico algum gesto para cada dia.

***

Despertai, Senhor, nossos corações[1]

Despertai, Senhor, nossos corações,
que adormeceram nas coisas triviais
e já não têm força para amar com paixão.

Despertai, Senhor, nossa esperança,
que se extinguiu com pobres ilusões
e já não tem razões para esperar.

---

1 Para rezar em grupo.

Despertai, Senhor, a nossa sede de vós,
porque bebemos água com um sabor
amargo
que não satisfaz nossos anseios diários.

Despertai, Senhor, nosso silêncio vazio,
porque precisamos de palavras de vida
para viver,
mas só ouvimos chamados fúteis e de
consumo.

Florentino Ulibarri

Canto: Procura meu rosto
Ouço em meu coração: procura meu rosto.
Procura-me no meio da noite, procura no
silêncio.
Procura-me no teu irmão, estou contigo,
estou contigo.
Vou procurar-te, Senhor! Não escondas
teu rosto de mim.

Vou procurar o teu rosto. (2 x)
Ouço no meu coração: procura meu rosto.

Ain Karem
CD Busca mi rostro 8
ainkaremccv@yahoo.es

2

Pede, procura, chama
(Lc 11,9-13)

Ao iniciar a sessão

Fechamos os olhos... relaxamos... respiramos com calma. Vou ouvir Jesus, meu Mestre interior. O Pai vai falar comigo por meio dele. "Jesus, Tu sabes tudo. Tu sabes que eu te amo."

Lc 11,9-13

[9]Eu te digo: pede e receberás; procura e acharás; chamai, e se abrirá. [10]Porque todo aquele que pede recebe; aquele que busca encontra e aquele que chama será atendido. [11]Qual é o pai entre vós que, quando o filho pede pão, lhe dá uma pedra? Ou, se pede um peixe, ele lhe dá uma cobra? [12]Ou, se pede um ovo, ele lhe dá um escorpião? [13]Pois, se vós, mesmo sendo maus, sabeis dar coisas boas a vossos filhos, quanto mais o Pai celestial dará o Espírito Santo àqueles que lhe peçam!

No texto acima, ouvimos a pergunta de Jesus: "O que buscais?" Agora vamos ouvir o seu convite para *pedir, procurar e chamar*. São três atitudes que devemos cuidar em nossa jornada. Se procuramos renovar interiormente a nossa fé, não podemos fazer a leitura orante do Evangelho de qualquer maneira, com uma atitude de indiferença ou distração.

Leitura

Lucas e Mateus reúnem em seus respectivos evangelhos, e com termos idênticos, algumas palavras de Jesus que, sem dúvida, ficaram gravadas em seus seguidores mais próximos. É fácil que Jesus as pronunciasse em mais de uma ocasião ao redor do Lago da Galileia ou talvez quando percorriam as aldeias pedindo algo para comer, buscando abrigo ou batendo às portas dos moradores. Jesus sabia aproveitar qualquer experiência de vida para despertar a confiança dos seus discípulos em um Deus que Ele vivenciava como um bom Pai.

1 Três convites de Jesus (v. 9)

Jesus quer despertar três atitudes em seus discípulos. As três apontam para a mesma atitude, mas os termos parecem sugerir nuanças diferentes: "Eu vos digo: pedi e recebereis; procurai e achareis; chamai e se abrirá".

Pedir é suplicar algo que temos que receber de outro, pois não podemos dá-lo a nós mesmos. Para Jesus, essa é a atitude que devemos ter diante de Deus: "Tudo o que pedir ao Pai em meu nome, Ele concederá". Frequentemente, precisaremos pedir a Deus, em nome de Jesus, luz e força para reacender nossa vida interior.

Procurar é indagar, rastrear, movermo-nos para descobrir algo que está escondido de nós ou ainda não está ao nosso alcance. Essa é a atitude que Jesus pede aos seus discípulos diante do projeto humanizador do Pai: "Buscai o Reino de Deus e sua justiça". Em nossa jornada, teremos que nos esforçar para procurar o melhor caminho ou a decisão mais apropriada para nos comprometermos a servir ao Reino de Deus.

Chamar é gritar, atrair a atenção de alguém que sentimos distante, mas que precisamos que nos atenda. Essa é a atitude dos salmistas quando sentem Deus distante: "A ti clamo, Senhor", "Inclina teu ouvido na minha direção", "Não te afastes", "Vem em meu auxílio". Nós também chamaremos Jesus e Deus quando precisarmos senti-los mais próximos.

2 A confiança total de Jesus no Pai (v. 10-12)

Jesus não quer apenas despertar essas atitudes em seus discípulos. Ele também deseja contagiá-los com sua confiança total em Deus. Não sabemos exatamente como Ele se expressou, mas os evangelistas reuniram suas palavras de forma lapidária: "Todo aquele que pede, recebe; aquele que busca, encontra, e aquele que chama é atendido". Essa é a experiência que vamos viver com Jesus em nossa jornada. A forma de falar usada sugere que Jesus se refere a Deus, pois evita pronunciar seu nome, como os judeus costumavam fazer. Por isso, poderíamos traduzi-lo assim: "Peça, e Deus lhe dará. Procure, e Deus se deixará encontrar. Chame, e Deus o atenderá".

Curiosamente, em nenhum momento, diz o que devemos pedir, procurar ou a que porta chamar. Parece que o importante é a atitude com que vivemos diante de Deus: viver pedindo, procurando e chamando. E assim será a nossa jornada: como pobres que precisam pedir o que não têm, como pessoas perdidas que precisam encontrar o caminho que ainda não conhecem, como crianças que precisam bater à porta do seu pai.

Para despertar sua confiança em Deus, Jesus não lhes dá explicações complicadas. Ele é "simples e humilde de coração".

Ele oferece três imagens que os pais e as mães que ouvem podem entender muito bem. E podemos parafraseá-las assim: "Que pai ou mãe, quando um filho pede um pão, ele lhe dá uma pedra redonda, como as que às vezes se veem por aqueles caminhos? Ou, se pedir um peixe, ele lhe dá uma daquelas cobras d'água que, de vez em quando, aparecem nas redes de pesca? Ou, se pedir um ovo, ele lhe dá um escorpião enrolado como aqueles que se veem na margem do lago?"

Um pai ou uma mãe não zomba do seu filho assim, não o engana. É inconcebível que, quando seu filho lhe pedir algo bom para comer, você lhe dê algo parecido que possa prejudicá-lo. Pelo contrário, sempre lhe dará o melhor que tiver. Rapidamente, Jesus tira sua conclusão: "Se vós, mesmo sendo maus, sabeis dar coisas boas a vossos filhos, quanto mais o Pai celestial dará o Espírito Santo àqueles que lhe peçam!" (Mt 7,11). Como pode Deus não ser melhor do que nós?

3 Pedir o Espírito Santo (v. 13)

Mateus registra o pensamento de Jesus, tal como acabei de indicar. Mas Lucas apresenta uma novidade muito importante. De acordo com sua versão, Jesus diz assim: "Quanto mais dará o Pai celestial o Espírito Santo àqueles que lhe peçam!" Podemos pedir muitas coisas boas a Deus, mas nenhuma melhor do que o "Espírito Santo". Com essas palavras, os judeus designavam o "sopro santo" de Deus, que cria e dá vida, que cura e purifica, que tudo renova e revive.

O próprio Lucas, em um escrito posterior, indica que esta foi a memória que permaneceu de Jesus naqueles que o conheceram de perto: "Ungido por Deus com o Espírito Santo e com poder, passou a vida fazendo o bem e curando todos os oprimidos pelo diabo, porque Deus estava com Ele" (At 10,38). O melhor que podemos pedir no início da nossa jornada é esse *Espírito Santo* que Jesus recebe do Pai e o faz viver "fazendo o bem" e "curando os oprimidos". Esse Espírito pode nos renovar interiormente, reavivando e transformando a nossa fé.

Meditação

Lemos várias palavras de Jesus. Agora nos dispomos a meditar sobre elas, ouvindo-as internamente. Selecionamos aquelas que consideramos mais importantes. Repetimos lentamente, uma e outra vez, para gravá-las em nosso coração, saboreá-las e torná-las nossas.

1 Os três convites de Jesus

"Eu vos digo: pedi e recebereis; procurai e achareis; chamai e se abrirá."

- Como me sinto quando ouço esses convites de Jesus?
- Normalmente, o que eu faço diante de Deus? Só peço? Também procuro? Quando o chamo?
- Para o que me sinto convidado por Jesus neste momento?

2 Confiança de Jesus no Pai

"Todo aquele que pede, recebe; aquele que busca, encontra, e aquele que chama, é atendido."

- O que a experiência pessoal me diz?
- Como posso confiar mais em Deus?
- Quando sinto que Deus é melhor do que nós?

3 Pedir o Espírito Santo

"Quanto mais dará o Pai celestial o Espírito Santo àqueles que lhe peçam!"

- Em geral, que "coisas boas" eu peço a Deus?
- Peço só para mim? Ou também para os outros?
- Eu já pedi o Espírito Santo? Quando? Para quê?
- Eu me sinto chamado por Jesus para pedir, procurar e chamar o Espírito Santo?

Oração

Já meditamos sobre as palavras de Jesus. Chegou a hora de responder dialogando internamente com Ele.

– Jesus, Tu estás abrindo um novo horizonte para mim. Agradeço muito pelas tuas palavras porque...

– A vontade de te ouvir está crescendo em mim. Ajuda-me a gravar esses três convites dentro de mim.

– O que tenho que fazer para te procurar melhor e me abrir para os teus chamados? Eu te escuto.

– Preciso confiar mais, muito mais, em ti e em Deus. Isso me faria muito bem agora!

– Sinto que, na minha vida, conto pouco com a ação do Espírito Santo. Por quê? O que posso fazer?

Contemplação

Vimos que Jesus quer nos contagiar com sua confiança total e absoluta em Deus. Fazemos silêncio em nosso coração. Entregamo-nos a esse Pai bom. Descansamos no mistério de sua bondade. Quando confiamos nele, tudo muda na nossa vida... Agora nos preparamos para um silêncio contemplativo.

• O Senhor é minha luz e minha salvação, a quem temerei? (Sl 26,1).

• Sou pobre e infeliz, mas o Senhor cuida de mim (Sl 39,18).

• Tu, Senhor, ajuda-me e consola-me (Sl 85,17).

Compromisso

Assumimos o compromisso de levar a leitura orante do Evangelho para a nossa vida:

• Eu me comprometo a semana toda.

- Tomo uma decisão por um tempo determinado.
- Reviso o compromisso que assumi.
- Eu especifico algum gesto especial.

***

Pai

Pai:
eu me coloco em tuas mãos.
Fazei o que quiserdes de mim.
Seja lá o que for,
eu dou graças.

Estou pronto para tudo.
Eu aceito tudo,
contanto que tua vontade
seja realizada em mim
e em todos os teus filhos.
Não desejo mais nada, Pai.

Eu te ofereço minha alma
e te dou
com todo o amor de que sou capaz.

Porque eu desejo dar-me,
colocar-me em tuas mãos
sem medida,
com confiança infinita,
porque Tu és
meu Pai.

Charles de Foucauld

Canto: Pai
Pai, Pai, vem a mim o teu Reino! (bis)
Pede... Procura... Chama... Acredita...

STJ
CD Dentro 17
casadeoracion@stjteresianas.org

Capítulo 2

Acolher o Espírito de Jesus

Sinais do nosso tempo: um movimento contracultural surpreendente

Inesperadamente, mas com força crescente, um movimento contracultural impressionante está surgindo na sociedade pós-moderna. O desejo de transcendência, a busca pela interioridade, a prática da meditação, o desejo de silêncio e a fome de espiritualidade estão crescendo.

Esse fenômeno é, sem dúvida, um sinal de que muitas pessoas não encontram mais na sociedade assistencialista e no consumismo o que precisam para se sentir bem. Não basta que atendam às necessidades externas, muitas vezes alimentadas artificialmente pela própria sociedade de consumo. Precisam encontrar uma resposta para os anseios que nascem no interior do ser humano.

Esse interesse pelas questões do espírito não tem precedentes. Está ocorrendo dentro e fora das religiões, entre devotos e não devotos. Nem todo mundo está procurando a mesma coisa. Essa fome de espiritualidade aparece na forma de correntes e caminhos diferentes e até contraditórios. Iniciar-se na espiritualidade de Teresa de Jesus não é a mesma coisa do que organizar jornadas de *mindfulness* para melhorar a atenção mental, evitar o estresse e, ao mesmo tempo, contribuir para o desempenho na empresa que as organiza. Em meio a tanta confusão e ambiguidade, pode ser apropriado apontar algumas características básicas da espiritualidade cristã.

O ponto de partida dessa espiritualidade é o seguimento de Jesus. Não se trata de seguir uma ideia, um programa ou uma doutrina, mas sim de seguir Jesus sem condições. Mais especificamente, consiste no "modo de vida que é guiado pelo Espírito de Cristo" (Juan Antonio Estrada). Isto é, a espiritualidade cristã abrange não só a interioridade, mas toda a vida, a existência concreta de cada dia, vivida de acordo com o Espírito de Jesus.

O objetivo da espiritualidade cristã não é a própria perfeição espiritual, a aquisição de virtudes, o crescimento interior, mas a vida inteiramente disponível para a ação do Espírito de Jesus em nós.

Essa vida, segundo o Espírito de Jesus, consiste em "viver o Evangelho de forma concreta, movidos pelo seu Espírito" (Gustavo Gutiérrez). Ou seja, um estilo de viver o Evangelho no dia a dia em qualquer situação, reagindo de forma coerente com o Evangelho de forma radical.

Isso significa estar disponível para viver abrindo caminhos para o projeto humanizador de Deus, que Jesus chamava de *Reino de Deus*. Essa entrega ao Reino de Deus é o princípio estruturante da espiritualidade cristã e da mensagem de Jesus. Concretiza-se trabalhando por um mundo mais justo, mais digno e mais feliz para todos, começando pelos mais vulneráveis.

E, como diz J.M. Castillo, "não se trata apenas de um projeto de justiça social, mas constitui a realização, já neste mundo, da grande família de Deus; ou seja, a forma de convivência humana na qual Deus se torna efetivamente Pai de todos e, portanto, todos são irmãos e solidários. Mesmo sabendo que a plena realização só será alcançada para além da história".

3

Recebei o Espírito Santo
(Jo 20,19-22)

Ao iniciar a sessão

Fechamos os olhos... relaxamos... respiramos com calma, silenciamos o ruído dentro de nós. Vou ouvir Jesus, meu Mestre interior. Deus vai falar comigo por meio dele. Jesus, eu preciso de ti.

Jo 20,19-22

[19]Ao anoitecer naquele dia, o primeiro dia da semana, os discípulos estavam em uma casa, com as portas fechadas por medo dos judeus. Então Jesus entrou, ficou no meio e disse a eles: – A paz esteja convosco. [20]E, dizendo isso, mostrou-lhes as mãos e o lado. E os discípulos se encheram de alegria ao ver o Senhor. [21]Jesus repetiu: – A paz esteja convosco. Assim como o Pai me enviou, também eu vos envio. [22]E, após dizer isso, soprou seu sopro sobre eles e disse: – Recebei o Espírito Santo.

No texto acima, ouvimos a promessa de Jesus, que nos dizia: "O Pai celestial dará o Espírito Santo àqueles que pedirem!" Agora vamos ver que é o próprio Jesus quem, em nome do Pai, sopra seu sopro sobre os discípulos e diz a eles: "Recebei o Espírito Santo". Não vamos fazer nossa jornada sozinhos, contando apenas com nossos esforços. Vamos fazê-la guiados e encorajados pelo sopro de Jesus. É por isso que vamos ouvir o seu convite: "Recebei o Espírito Santo".

Leitura

Na passagem que vamos ler, poderemos diferenciar duas cenas. A primeira descreve o encontro de Jesus ressuscitado com o grupo de seus discípulos para lhes comunicar sua paz e alegria. Na segunda, Jesus os envia para propagar no mundo a mesma missão que recebeu do Pai e infunde o Espírito Santo neles com seu sopro.

1 O Jesus ressuscitado vem ao encontro de seus discípulos (v. 19-20)

Aterrorizados com a execução de Jesus, os discípulos se refugiam em uma casa que conhecem bem. Estão reunidos novamente, mas há um vazio no grupo que ninguém pode preencher. Falta Jesus. Quem seguirão agora? O que poderão fazer sem Ele?

Situação dos discípulos

"Está anoitecendo" em Jerusalém e também no coração dos discípulos. As trevas da crucificação ainda não se dissiparam. É uma comunidade sem horizonte. Falta-lhes o Senhor, que, segundo o Evangelista João, é a Luz.

"Com as portas fechadas." É uma comunidade fechada em si mesma, sem missão nem objetivo. Ninguém pensa em sair para anunciar o Reino de Deus. Com as portas fechadas, também não é possível sair para curar o sofrimento das pessoas.

"Por medo dos judeus." É uma comunidade na defensiva, paralisada pelo medo. Sem forças para amar o mundo como Jesus amava. Sem capacidade para abrir portas e acolher os necessitados.

"E então Jesus entrou"

É Jesus quem toma a iniciativa. Mesmo com as portas fechadas, Ele "entra" na casa. Nada nem ninguém pode impedir que Jesus ressuscitado entre em contato com seus discípulos para reavivar a sua comunidade. Segundo o relato, Jesus "entra e fica no meio deles", cheio de vida. É Ele quem deve estar sempre no centro. Ninguém deve tomar o lugar dele. Com Jesus ressuscitado, tudo é possível: dissipar nossas trevas, libertar-nos do medo, renovar a nossa fé, abrir as portas e reavivar a evangelização.

"A paz esteja convosco"

Jesus diz a eles: "A paz esteja convosco". Ele os saúda com as mesmas palavras com as quais se despediu deles: "Eu vos deixo a paz, a minha paz vos dou; não a dou como o mundo a dá" (Jo 14,27). A primeira coisa que o Ressuscitado infunde em sua comunidade é a paz que haviam perdido por causa de sua covardia no momento da crucificação. Nenhuma repreensão por terem-no abandonado, nenhuma reclamação ou desaprovação. Jesus lhes dá uma paz inconfundível que o mundo nunca poderá lhes dar.

Então Jesus faz um gesto: "Eu lhes mostro minhas mãos e o lado". Nessas cicatrizes podem ver como Ele os amou sem limites. Por isso, ao ver suas chagas, "encheram-se de alegria". Uma alegria que nada nem ninguém poderá tirar deles.

Se fizermos uma pausa e pensarmos no que aconteceu, poderemos ver como o grupo de discípulos vai se transformando. Estavam sem Jesus, e agora Ele ressuscitou e está no meio deles. Da escuridão da noite, passam à alegria de vê-lo cheia de vida. Do medo, passam à paz que o Ressuscitado lhes dá. Das portas fechadas, agora serão enviados para a missão evangelizadora.

2 Jesus confia aos seus discípulos a missão que recebeu do Pai (v. 21)

"Como o Pai me enviou"

Depois, como se fosse uma segunda cena, com sua própria introdução, Jesus repetiu: "A paz esteja convosco". Em seguida, de forma solene, Ele diz aos seus discípulos: "Assim como o Pai me enviou, eu também vos envio". Essas palavras são o eco de sua oração ao Pai no discurso de despedida: "Assim como Tu me enviaste ao mundo, também eu os enviei ao mundo" (Jo 17,18). A missão de seus discípulos será a que Jesus recebeu do Pai. Eles serão no mundo o que Ele foi.

Não diz especificamente quem devem procurar, o que devem anunciar ou como devem agir. Eles aprenderão sua missão com Jesus. Terão de se lembrar do que viveram com Ele: de quem se aproximou, de como tratou os pobres e inválidos, de como conduziu o projeto humanizador do Pai, de como percorreu as aldeias aliviando o sofrimento dos enfermos e oferecendo o perdão gratuito de Deus aos pecadores.

"Recebei o Espírito Santo"

Jesus sabe que seus discípulos são frágeis. Mais de uma vez, Ele criticou sua pouca e vacilante fé. Ele os viu discutindo sobre quem ficaria nas posições mais altas. Eles precisam da força de seu Espírito para cumprir sua missão. Por isso, Jesus tem um gesto especial com eles. Ele não impõe as mãos sobre eles nem os abençoa, como fazia com os enfermos e as crianças. Jesus se aproximou deles e disse: "Recebei o Espírito Santo". O sopro de Jesus não é um sopro forte: o termo sugere o sopro suave de uma pessoa que comunica sua intimidade e sua força interior a outra. O próprio Jesus diz a eles: "Recebei o Espírito Santo": tomai-o, acolhei-o em seu coração. O mesmo Espírito Santo que encorajava e animava Jesus é aquele que deve encorajar e animar seus discípulos hoje.

Para compreender o significado profundo do gesto de Jesus, devemos lembrar que, no Livro de Gênesis, o mesmo verbo raro (soprar) é usado para descrever a criação do ser humano: "O Senhor Deus modelou o homem do barro da terra. Então soprou o sopro da vida em seu nariz. E assim o homem se tornou um ser vivente" (Gn 2,7). O impulso da evangelização é uma *nova cria-*

ção. Sem o Espírito que Jesus infunde em nós, a Igreja é *barro* sem vida. Nossas comunidades são *barro*: fragilidade, mediocridade e rotina. Podemos proferir palavras sublimes sem comunicar o sopro de Deus. Podemos falar com confiança e firmeza sem fortalecer a fé das pessoas.

A nossa missão é a mesma que Jesus recebeu do Pai, mas, só com o Espírito de Jesus, podemos realizá-la hoje com criatividade, atentos aos sinais dos nossos tempos e respondendo às necessidades e aspirações dos homens e das mulheres de hoje. Privados do sopro espiritual de Jesus, podemos acabar vivendo um cristianismo fechado a toda renovação interior, com as *portas fechadas* para o mundo de hoje, fazendo o que sempre foi feito, mas sem alegria e sem convicção.

Esse relato de João nos ajuda a entender melhor as duas chaves da jornada que estamos iniciando: por um lado, lendo o Evangelho, lembraremos como Jesus agia, como abria caminhos para o projeto do Pai, como se aproximava dos mais desamparados. Por outro lado, fazendo silêncio, meditando, rezando e contemplando, continuaremos acolhendo internamente o Espírito Santo que Jesus infunde em nós.

Meditação

Agora nos dispomos a meditar sobre as duas cenas do relato. Podemos fazer isso separadamente, cada um dedicando o tempo que achar necessário para cada cena. Em ambas as cenas, ouvimos breves palavras de Jesus, mas com grande conteúdo: selecionamos as que mais nos tocaram para repeti-las devagar e gravá-las em nosso interior. Em ambas as cenas há também um gesto que Jesus faz com os seus discípulos: meditamos sobre o seu conteúdo e o acolhemos com gratidão.

1 Primeira cena: Jesus vem ao encontro de seus discípulos

- Eu vivo com as portas fechadas?
- Sinto a necessidade de que Jesus entre em mim e seja o centro da minha vida?

Palavra de Jesus: "A paz esteja convosco"
- Eu escuto em silêncio.
- Saboreio a palavra *paz*, repetindo-a várias vezes.
- Estou acolhendo silenciosamente a paz de Jesus dentro de mim...

Gesto de Jesus: "Mostrou a eles as mãos e o lado"
- Eu me sinto indiferente diante de Jesus crucificado?
- Eu me sinto amado ao extremo?

2 Segunda cena: Jesus confia a missão evangelizadora a seus discípulos

Palavra de Jesus: "Assim como o Pai me enviou, eu também vos envio"
- Escuto suas palavras em silêncio.
- Neste momento, qual é minha tarefa ou missão mais importante?
- Eu me sinto enviado por Jesus a alguma missão?

Gesto de Jesus: "Soprou seu sopro sobre eles e disse: 'Recebei o Espírito Santo'"

• Escuto o convite de Jesus em silêncio e repetidamente: "Recebei o Espírito Santo".

• Estou em silêncio, sem pressa, acolhendo o Espírito Santo no meu interior.

Oração

Meditamos sobre as palavras e os gestos de Jesus e seu profundo conteúdo. Agora respondemos nos comunicando com Ele.

"A paz esteja convosco"

– Jesus, Tu me conheces, por que eu perco a paz tão facilmente?

– Preciso conhecer essa paz que só Tu podes dar.

"Eu vos envio"

– Não me sinto enviado por ti, o que posso fazer?

– Dá-me tua luz. Qual pode ser minha missão na minha casa, no meu trabalho, no meu ambiente? Ajuda-me.

"Recebei o Espírito Santo"

– Obrigado, Jesus, porque eu sei que Tu estás animando minha vida.

– Desperta minha fé. Repete para mim uma e outra vez: "Recebei o Espírito Santo".

– Quero viver acolhendo o Espírito que Tu me envias.

Contemplação

Jesus nos convida a receber dele o Espírito Santo; isto é, o sopro de Deus, seu amor insondável, sua força renovadora. Despertamos em nós o desejo de Deus e nos preparamos para o silêncio contemplativo.

- Renova-me por dentro com um espírito firme (Sl 50,12).
- A tua graça vale mais do que a vida (Sl 62,4).
- Descansa apenas em Deus, minha alma (Sl 61,63).

Compromisso

- Eu me comprometo a semana toda.
- Tomo uma decisão por um tempo determinado.
- Reviso o compromisso que assumi.

Sugestão: Assumimos o compromisso de viver mais atentos ao Espírito que Jesus infunde em nós.

***

Vem, Espírito Santo

Aos poucos, aprendemos a viver sem interioridade. Não precisamos mais estar em contato com o que há de melhor dentro de nós. Basta vivermos entretidos e repletos de bem-estar. Venha, Espírito Santo, e livre-nos do vazio interior.

Aprendemos a viver sem raízes ou objetivos. Basta que nos deixemos programar de fora. Nós nos movemos e agitamos incessantemente, mas não sabemos o que queremos ou para onde vamos. Vem, Espírito Santo, e resgata-nos da desorientação.

Já não nos interessam os grandes questionamentos da existência. Não nos preocupa ficarmos sem luz para enfrentarmos a vida. Tornamo-nos mais céticos, mas também mais frágeis e vulneráveis. Vem, Espírito Santo, e salva-nos da confusão interior.

Queremos ser livres e independentes, mas estamos cada vez mais sozinhos. Precisamos viver, mas nos trancamos em nosso pequeno mundo de interesses. Precisamos nos sentir amados, mas não sabemos criar contatos vivos e amistosos. Vem, Espírito Santo, e ensina-nos a amar uns aos outros.

Na nossa vida, já não há lugar para Jesus. Sua presença se atrofiou dentro de nós. Cheios de ruído por dentro, já não conseguimos ouvir sua voz. Derramados em mil desejos, já não percebemos sua proximidade. Aprendemos a viver de costas para o Mistério. Vem, Espírito Santo, e ensina-nos a acreditar.

José Antonio Pagola

Canto: Preciso de ti

Espírito Santo, irradia em nós a Luz do
    alto
Pai dos pobres, luz dos corações e doador
    de dons. (bis)
Consolo completo, nosso doce convidado,
    doce alimento,
descanso na luta, brisa ao sol, consolo no
    pranto. (bis)
Luz gratificante, preenche o fundo dos corações. Quando tu não encorajas, não há nada em nós, nada que seja saudável. (bis)

Espírito, vem a mim, eu preciso de ti,
Espírito, eu preciso de ti. (bis)

Livra-nos da turvação, rega tudo aquilo
que é árido e cura os enfermos,
amolece o rígido, aquece o frio e orienta o
desvio. (bis)
Dá a todos nós, fiéis que confiamos em ti,
tua riqueza de dons,
faze-nos merecer a pátria esperada e a
alegria perpétua. (bis)

STJ
CD Cuando habla el corazón Fabiola 11
casadeoracion@stjteresianas.org

4

Ânimo! Sou eu. Não temais
(Mt 14,24-33)

Ao iniciar a sessão

Fechamos os olhos... relaxamos... respiramos com calma. Eu vou ouvir Jesus. Ele está dentro de mim. Deus, nosso Pai, vai falar comigo por meio dele. Jesus, Vós me olhais com amor.

Mt 14,24-33

[24]O barco já estava muito longe da terra, sacudido pelas ondas, porque o vento vinha em sentido contrário. [25]De madrugada, Jesus se aproximou deles, caminhando sobre as águas. [26]Os discípulos, vendo-o caminhar sobre as águas, ficaram assustados e gritaram de medo, pensando que fosse um fantasma. [27]Em seguida, Jesus disse a eles: – Ânimo! Sou eu. Não tenhais medo. [28]Pedro respondeu: – Senhor, se sois Vós, mandai-me caminhar sobre as águas em vossa direção. [29]E Jesus respondeu: – Vem. Pedro desceu do barco e começou a caminhar sobre as águas, aproximando-se de Jesus. [30]Mas, ao sentir a força do vento, ele ficou com medo, começou a afundar e gritou: –

Senhor, salvai-me. [31]Em seguida, Jesus estendeu a mão, segurou-o e disse: – Homem de pouca fé, por que duvidaste? [32]Assim que entraram no barco, o vento diminuiu. [33]Os que estavam no barco se prostraram diante dele e disseram: Realmente sois o Filho de Deus.

No texto acima, vimos como Jesus ressuscitado se fez presente no meio dos seus discípulos para libertá-los do medo e incutir neles a paz, a alegria e sobretudo o Espírito Santo. Agora vamos ver como Jesus, já na Galileia, movido por esse mesmo Espírito que animava sua vida, aproxima-se de seus discípulos aterrorizados no meio de uma tempestade para lhes comunicar sua fé e paz. Nós também temos que aprender a reconhecê-lo em meio às crises e às incertezas dos nossos tempos para ouvir suas palavras: *"Ânimo! Sou eu. Não tenhais medo"*.

Leitura

Eram tempos difíceis para a jovem comunidade em que Mateus escrevia seu evangelho. O entusiasmo dos primeiros dias havia esfriado. Havia muitos conflitos e tensões com os judeus. A fé desses devotos afundaria? A primeira coisa que eles precisavam era descobrir a presença de Jesus em meio à crise.

Reunindo uma história que encontrou em Marcos e algumas lembranças que corriam entre os cristãos sobre uma tempestade que os discípulos de Jesus tiveram que enfrentar em alguma ocasião no Mar da Galileia, Mateus escreveu um belo relato com um objetivo específico: ajudar os seguidores de Jesus a reafirmar sua fé sem fraquejar diante das dificuldades. Ele fez isso com tanta maestria, que ainda pode nos ajudar a reavivar a nossa fé hoje.

Podemos organizar o relato em quatro partes: 1) Jesus vai ao encontro de seus discípulos no meio da tempestade; 2) Pedro caminha sobre as águas em direção de Jesus; 3) antes de afundar completamente, Pedro grita a Jesus, que imediatamente o segura e o salva; 4) conclusão: os discípulos se prostram diante de Jesus, reconhecendo-o como Filho de Deus.

1 Jesus vai ao encontro de seus discípulos no meio da tempestade (v. 24-27)

O barco dos discípulos, sacudido pelas ondas

Os discípulos estão sozinhos. Jesus não está com eles. Ele ficou sozinho em um monte próximo. Os discípulos sabem de seu costume de se retirar para um lugar isolado para se comunicar com seu Pai no silêncio da noite. O barco está "muito longe da terra", em meio à insegurança do mar. Mateus descreve como "sacudido pelas ondas": açoitado pela tempestade; o "vento em sentido contrário": tudo se volta contra eles. Além disso, já anoiteceu, a escuridão domina tudo.

Aqueles que ouvem o relato o entendem imediatamente. Sabem que, na tradição bíblica, o *mar* é um símbolo do poder do mal. Conhecem a linguagem dos Salmos e sabem que "as águas profundas", "a tempestade" e "a escuridão da noite" são símbolos de insegurança, angústia, perigo e incerteza. Por acaso, essa não é a situação daquelas comunidades, ameaçadas de fora pela rejeição e pela hostilidade, e tentadas de dentro pelo medo e pela pouca fé? Essa não é a situação de muitas comunidades cristãs em meio à sociedade pós-moderna em que vivemos?

Jesus vai ao encontro deles

Entre 3 e 6h da manhã, antes do amanhecer, Jesus se aproxima deles caminhando sobre as águas. Ele nunca deixou de pensar neles. Mas os discípulos não são capazes de reconhecê-lo no meio da tempestade e da escuridão. Jesus parece "um fantasma", algo não real. "Eles ficaram assustados e gritaram de medo." A cena é impactante: o grupo de discípulos, escolhidos por Jesus para lhes confiar a sua missão de anunciar a boa-nova de Deus ao mundo, gritando de medo no meio da escuridão da noite.

Como Jesus vai reagir? O texto diz que, antes daquele grito aterrorizante, Jesus lhes disse *em seguida*, imediatamente: "Ânimo! Sou eu. Não tenhais medo". Estas são as três palavras que precisam ouvir o quanto antes. "*Ânimo.*" Jesus vem para lhes dar ânimo e paz. "Sou eu": não é um fantasma, uma ilusão; é alguém vivo, com força para salvar do poder do mal. "Não tenhais medo": também devemos confiar nele hoje e reconhecer que Ele está conosco no meio das crises, dos perigos e das dificuldades do nosso tempo.

Devemos notar que o relato nos convida a descobrir a presença de Jesus no mar, fora do barco, em meio à tempestade. Ele nos convida hoje a descobrir sua presença em meio à crise de nosso mundo, inclusive para além do âmbito do cristianismo. E nos chama a ouvir estas três palavras que precisamos ouvir em nossos dias: "*Ânimo! Sou eu. Não tenhais medo*".

2 Pedro caminha sobre as águas em direção de Jesus (v. 28-29)

Encorajado pelas palavras de Jesus e acreditando reconhecer a sua proximidade, Pedro faz um pedido surpreendente: "Senhor, se sois Vós, mandai-me caminhar sobre as águas em vossa direção". Ele ainda não sabe ao certo se está falando com um fantasma ou se é Jesus, vivo e real, mas quer ter a experiência de se aproximar dele caminhando, não em terra firme, mas na água; não apoiado pela segurança, mas pela fraqueza. Jesus diz a ele: "Vem".

Por acaso, esse não é o chamado que Jesus nos faz hoje nestes tempos de crise e perplexidade? Em nossa jornada, vamos nos encontrar mais de uma vez com o seu convite: "Vem e segue-me". Mas esse chamado a Pedro no meio da tempestade vai além: vem ao meu encontro caminhando sobre as águas, embora nem sempre consigas me reconhecer em meio a esta tempestade e que estejas cheio de dúvidas no meio da noite.

Pedro desceu do barco e "começou a caminhar sobre as águas em direção a Jesus". Essa é essencialmente a fé cristã. "Caminhar em direção a Jesus": dia a dia, dar passos orientando nossa vida para Ele. "Sobre a água": sem nenhum outro apoio firme a não ser a palavra e a presença misteriosas dele na nossa vida. Estamos dispostos a fazer essa experiência?

3 Antes de afundar completamente, Pedro grita a Jesus, que imediatamente o segura e salva (v. 30-31)

Nem sempre é fácil viver essa fé nua e crua. Especificamente, Pedro "sentiu a força do vento, ficou com medo e começou a afundar". É a terceira vez que a palavra *medo* aparece no relato. É isso que pode acontecer conosco neste momento: damos atenção à força do mal, o medo e as dúvidas nos invadem, e começamos a afundar na desesperança, na indiferença ou na descrença. O que podemos fazer?

Em primeiro lugar, *gritar* para Jesus. É o que Pedro faz quando começa a afundar: "Senhor, salvai-me". Ele invoca Jesus como *Senhor* (Mateus põe intencionalmente essa palavra na boca de Pedro, porque é assim que invocam Jesus ressuscitado nas primeiras comunidades cristãs). Ele só pede uma coisa: *Salvai-me*. Com isso, ele disse tudo. Esse grito, vindo do fundo do nosso coração, pode ser uma forma humilde, mas sincera de viver a fé nestes tempos.

Jesus, que está atento a Pedro, não fica surdo diante desse grito. Segundo o relato, *em seguida*, sem esperar nada, Jesus *estende sua mão*, *agarra-o* e *diz a ele*: "Homem de pouca fé, por que duvidaste?" Antes de afundar completamente, Pedro vive uma experiência difícil de explicar a quem não a viveu. Ele experimenta Jesus como uma *mão estendida*, deixa que Ele o *segure* e sente que Jesus o salva. No fundo do seu coração, ouve esta pergunta que pode mudar sua vida: "Homem de pouca fé, por que duvidaste?" Talvez seja, em meio à crise e à noite, que aprendemos a acreditar no poder salvador de Jesus.

É assim que devemos aprender hoje a caminhar em direção a Jesus no meio da crise: não nos apoiando no poder, no prestígio e na segurança do passado, mas no desejo de encontrar Jesus em meio às trevas e às incertezas destes tempos. Sem buscar falsas garantias para *sobreviver* em nossas comunidades, mas aprendendo a caminhar com fé renovada em direção a Jesus em meio à sociedade pós-moderna de hoje.

4 Conclusão: os discípulos se prostram diante de Jesus, reconhecendo-o como Filho de Deus (v. 32-33)

Jesus e Pedro caminham de mãos dadas no meio das ondas e do vento. Quando entram no barco, a tempestade se acalma. Quando Jesus está no meio de seus discípulos, eles recuperam a paz. Eles viveram tudo de perto, cheios de medo e angústia, mas experimentaram o poder salvador de Jesus. Mateus conclui seu relato com um gesto solene, quase litúrgico, dos discípulos, que se prostram diante de Jesus, depositam sua fé nele e o reconhecem como o *Filho de Deus*. É a primeira vez que os discípulos atribuem esse título a Jesus. Sua fé nasce da convicção de que experimentaram em Jesus uma força tão grande sobre o poder do mal que só pode vir de Deus: "Mais poderoso do que o estrondo das águas impetuosas, mais poderoso do que as ondas do mar é o Senhor nas alturas" (Sl 93,4).

Meditação

Lemos um relato em que podemos distinguir três momentos. Podemos meditar sobre ele separadamente, dedicando a cada momento a atenção e o tempo que julgarmos apropriados. Prestamos atenção, sobretudo, à atuação de Jesus com seus discípulos e com Pedro. E ouvimos as palavras que Jesus dirige a cada um de nós.

1 Primeiro momento: Jesus vai ao encontro de seus discípulos no meio da tempestade

Lemos devagar, tomando consciência da situação dos discípulos, sua reação diante de Jesus e as palavras que Ele lhes dirige (v. 24-27).

• Como eu me sinto nestes tempos difíceis para a fé cristã em meio à sociedade pós-moderna em que vivemos? Com confiança em Deus, em crise de fé, com medo do futuro?

• De alguma forma, eu reconheço a presença de Jesus em meio à atual crise do cristianismo?

• Eu creio que Ele está comigo? Dentro de mim?

• *Escuto*, em silêncio, sem pressa, cada uma das palavras que Jesus dirige a mim hoje: "Ânimo! Sou eu. Não tenhais medo".

2 Segundo momento: Pedro caminha sobre as águas em direção de Jesus

• *Leio devagar* o diálogo entre Pedro e Jesus. E contemplo Pedro caminhando sobre as águas em direção a Jesus (v. 28-29).

• *Escuto* em silêncio a palavra que Jesus dirige a mim: "Vem".

• Estou disposto a caminhar em direção a Jesus sem outro apoio firme a não ser seu chamado e sua presença misteriosos em minha vida?

3 Terceiro momento: antes de afundar completamente, Pedro grita a Jesus, que "em seguida" o segura e salva

• *Leio devagar* a cena: o *medo* de Pedro, seu *grito*, a reação imediata de Jesus, suas palavras (v. 30-31).

• *Repito devagar,* algumas vezes, o grito de Pedro: "Senhor, salvai-me". Será que não preciso gritar para Jesus com mais frequência?

• *Metido* sobre a reação de Jesus: "Em seguida", "estendeu a mão", "segurou-o". Estou em silêncio interior, permitindo-me ser *salvo* por Jesus.

• *Escuto* as palavras que Jesus dirige a mim: "Homem, mulher de pouca fé, por que duvidaste?" Sim, por que duvido tanto?

4 Conclusão: os discípulos se prostram diante de Jesus, reconhecendo-o como o "Filho de Deus"

Ao longo da nossa jornada, descobriremos em Jesus o poder salvador de Deus.

Oração

Passamos espontaneamente da meditação para uma atitude de oração de diálogo sincero e confiante com Jesus:

Ânimo! Sou eu. Não tenhais medo.

– O que eu faria sem ti? Obrigado, Senhor, por teu ânimo, teu sopro de vida, teu Espírito Santo.

– Onde posso reconhecer tua presença nestes tempos? Dai-me tua luz.

Vem até mim caminhando sobre as águas
– Eu quero, Jesus, mas fazei crescer minha confiança em ti.
– Se Tu não me atraíres, eu vou afundar.

Homem, mulher de pouca fé, por que duvidaste?
– Eu creio, Senhor, mas ajudai a minha pouca fé.
– Duvido porque vivo esquecido de ti.

Salvai-me
– Salvai-me. Sem ti, não poderei fazer nada.
– Em tuas mãos, coloquei toda a minha vida. Eu me entrego a ti

Contemplação

Jesus nos convida a não ter medo. Nele encontramos a força salvadora do pai. Silenciamos todo e qualquer barulho dentro de nós e nos entregamos ao Deus Pai-Mãe de todos.
- O Senhor é minha luz e minha salvação, a quem temerei? (Sl 27,1).
- O Senhor me sustenta (Sl 3,6).
- Do fundo do meu coração, grito a ti, Senhor (Sl 129,1).

Compromisso

- Eu me comprometo a semana toda.
- Tomo uma decisão para um tempo determinado.
- Reviso o compromisso que assumi.

Sugestão. Ouça estas palavras de Jesus durante um tempo: "Ânimo! Sou eu. Não tenhais medo".

***

Tomai-me pela mão
Meu Deus, tomai-me pela mão,
para que eu possa te acompanhar sem
  resistir.
Não rejeitarei nada do que chegar à minha
  vida,
assimilarei com todas as minhas forças.
Irei a todos os lugares segurando a tua
  mão,
e quero tentar não ter medo.
Tentarei irradiar um pouco do amor verdadeiro que há em mim,
onde quer que eu esteja.

Etty Hillesum

Canto: Ânimo, sou eu
Ânimo, sou eu! Não temais, sou eu. Sou eu.
(2 x)

Estou longe, estou longe da beira do rio,
sacudido pela tempestade...
Mas mais certa, mais certa é a tua voz.
A dificuldade me freia e o medo me faz
  duvidar...
Mas mais funda, mais funda é a tua voz.

Ain Karem
CD Con él la fiesta empezó 10
ainkaremccv@yahoo.es

5

Vinde a mim todos os que estão cansados e sobre-carregados (Mt 11,25-30)

Ao iniciar a sessão

Fechamos os olhos... relaxamos... respiramos com calma. Vou ouvir Jesus, meu Mestre interior. Deus vai falar comigo por meio dele. Jesus, Tu me amas como eu sou.

Mt 11,25-30

E então Jesus disse: [25]– Graças te dou, ó Pai, Senhor do céu e da terra, porque ocultaste estas coisas aos sábios e entendidos e as revelaste aos pequeninos. [26]Sim, Pai, porque assim te aprouve. [27]Todas as coisas me foram entregues por meu Pai, e ninguém conhece o Filho senão o Pai; e ninguém conhece o Pai senão o Filho e aquele a quem o Filho o quiser revelar. [28]Vinde a mim, todos os que estais cansados e oprimidos, e eu vos aliviarei. [29]Tomai sobre vós o meu jugo, e aprendei de mim, que sou manso e humilde de coração; e encontrareis descanso para as vossas almas. [30]Porque o meu jugo é suave e o meu fardo é leve.

No texto acima, ouvimos que Jesus nos convidava a caminhar sobre as águas em direção a Ele, em meio a esses tempos de crise e incertezas. Agora vamos ouvir que Ele nos convida desta forma: "Vinde a mim todos os que estais cansados e sobrecarregados, e eu vos aliviarei". Quando sentirmos que a vida se torna um fardo pesado, sempre poderemos contar com o ânimo, o encorajamento e o Espírito Santo que Jesus nos infunde.

Leitura

Para ler, meditar e orar este texto de Mateus de maneira ordenada, vamos diferenciar três partes. A primeira é uma oração de Jesus dirigida ao Pai para dar graças porque Ele se dirige aos pequenos, e não aos sábios e entendidos. Na segunda, Jesus fala sobre sua relação com o Pai para sublinhar a importância de aceitar suas palavras, porque sua relação com o Pai é única. Na terceira, Jesus nos convida a aderir firmemente à sua pessoa, expressa em três verbos imperativos: "Vinde a mim", "carregai meu jugo", "aprendei comigo".

1 Primeira parte: "Graças te dou, Pai" (v. 25-26)

Jesus não teve problemas com as pessoas simples do povoado. Ele se sentia acolhido. O que o preocupava era se os líderes religiosos, os especialistas da Lei, os grandes mestres de Israel algum dia entenderiam sua mensagem. Era cada vez mais evidente que o que enchia de alegria as pessoas simples os deixava indiferentes.

O povo *simples*, que vivia se defendendo da fome e dos grandes latifundiários, entendia-o muito bem: Deus queria vê-los felizes, sem fome e sem sobrecargas. Os enfermos e os indefesos confiavam nele e, encorajados por sua fé, mais uma vez, acreditavam no Deus da vida. As mulheres que o ouviam intuíam que Deus tinha que amar como Jesus dizia, com entranhas de mãe. As pessoas simples se sintonizavam com Ele. O Deus que Jesus anunciava a eles era aquele pelo qual ansiavam e de quem precisavam.

A atitude dos *sábios e entendidos* era diferente. Os responsáveis pelo Templo o viam como um perigo. Os mestres da Lei não entendiam por que Ele se preocupava tanto com o sofrimento das pessoas e se esquecia das exigências da religião.

Um dia, Jesus descobriu o que sentia dentro de si ao ver o que estava acontecendo. Cheio de alegria, diante de todos, Ele louvou a Deus da seguinte maneira: "Graças te dou, ó Pai, Senhor do céu e da terra, porque ocultaste estas coisas aos sábios e entendidos e as revelaste aos pequeninos". Jesus parece feliz, porque acrescenta: "Sim, Pai, porque assim te aprouve". Esta é a maneira de Deus revelar *suas coisas*.

Os *sábios e entendidos* pensam que sabem tudo, mas não entendem nada. Eles têm sua própria visão de Deus e da religião. Não precisam aprender nada novo sobre Jesus. Seu coração endurecido os impede de se abrir com simplicidade e confiança à revelação do Pai por meio de seu Filho Jesus. Com essa atitude não poderíamos fazer uma leitura orante do Evangelho. Se sabemos tudo, o que vamos aprender com Jesus ou com seu Pai?

A atitude das pessoas simples é diferente. Sua maneira de entender e viver a vida é mais simples. Eles vão ao que é essencial. Sabem o que é sofrer e viver sem segurança. Por isso, abrem-se com mais facilidade e confiança ao Deus de quem Jesus fala. Estão dispostos a se deixar ensinar por esse Mestre. O Pai está revelando seu amor a eles por meio de suas palavras e de toda a sua vida. Eles entendem Jesus como ninguém. Se quisermos fazer uma leitura orante do Evangelho que transforme a nossa vida, deveremos fazê-la com essa atitude simples e confiante.

2 Segunda parte: "Meu Pai me entregou tudo" (v. 27)

Uma vez terminada sua breve ação de graças ao Pai, Jesus explica por que podemos confiar nele. "Meu Pai me entregou tudo." Tudo o que o Pai vive e sente por nós pode ser encontrado em Jesus: seu amor, sua ternura, sua humildade, seu afeto por todas as suas criaturas, sua paixão pelos mais vulneráveis, sua predileção pelos simples. Pouco a pouco, vamos descobri-lo em Jesus e em seu Evangelho.

O Pai e seu Filho Jesus vivem em íntima comunhão, em contato vital. Eles se conhecem de uma forma plena, ardente e completa. Ninguém conhece o Filho como seu Pai o conhece, ninguém conhece o Pai como seu Filho Jesus e "aqueles a quem o Filho quer revelar". O Pai quer revelar suas *coisas* aos simples, e seu Filho Jesus se alegra em total harmonia com seu Pai.

3 Terceira parte: "Vinde a mim" (v. 28-30)

Jesus continua pensando nas *pessoas simples*. Muitos deles vivem oprimidos pelos poderosos proprietários de terras e não encontram alívio na religião do Templo. A vida deles é difícil, e a doutrina que os *sábios e entendidos* oferecem a eles a torna ainda mais difícil. Jesus faz três convites a eles.

1) "Vinde a mim todos os que estais cansados e sobrecarregados, e eu vos aliviarei." Esse é o primeiro convite. É dirigido a todos aqueles que vivem a religião como um fardo, aqueles que se sentem sobrecarregados por leis, preceitos e doutrinas que os impedem de recuperar a alegria de viver confiando em um Deus, Amigo e Salvador. Se eles se encontrarem com Jesus de forma vital, sentirão um alívio: "Eu vos aliviarei".

2) "Carregai o meu jugo [...] porque é suportável, e meu fardo é leve." Esse é o segundo convite. Temos que mudar o jugo. Devemos abandonar o jugo dos *sábios e entendidos*, pois é opressor, e carregá-lo com a ajuda de Jesus, que torna a vida mais suportável. Não porque Jesus exige menos, mas porque propõe o essencial: o amor que liberta as pessoas e desperta em seu coração desejo de fazer o bem e o prazer da alegria fraterna.

3) "Aprendei comigo, sou simples e humilde de coração." Este é o terceiro convite. Devemos aprender a cumprir a lei e viver a religião como Jesus fazia, com o mesmo espírito. Jesus não *complica* a vida, Ele a torna mais clara, simples e humilde. Não sobrecarrega ninguém. Pelo contrário, liberta o que há de melhor em nós e nos ensina a viver de forma mais digna e humana.

Essa é a promessa de Jesus: se vierdes a mim, se carregais o meu jugo, se aprendeis comigo a viver diferente, "encontrareis descanso para vossa vida". Jesus liberta das sobrecargas, não as introduz; faz crescer a liberdade, não a subserviência; atrai para o amor de Deus, não para as leis; desperta a alegria, não a tristeza.

Meditação

Para ler o texto de maneira ordenada, nós o dividimos em três partes. Agora podemos meditar de forma separada, dedicando a cada parte o tempo que cada um julgar necessário. Em cada parte podemos selecionar as palavras que considerarmos mais importantes. Dispomo-nos a ouvir Jesus, nosso Mestre interior.

1 Primeira parte: "Graças te dou, Pai"

Escuto devagar a ação de graças que Jesus dirige ao Pai (v. 25-26).

- Por que dá graças ao Pai? O que Jesus diz me alegra?
- Eu me sinto *simples* ou *sábio e entendido*?
- O que falta para me abrir com simplicidade e confiança a Deus?
- Qual é a coisa mais importante para mim que o Pai está me oferecendo por meio de Jesus?

2 Segunda parte: "Meu Pai me entregou tudo"

Leio as palavras de Jesus e talvez também o comentário (v. 27).

- Tenho consciência de que tudo o que o Pai sente por mim: seu amor, seu perdão, sua predileção pelos simples, posso encontrar em Jesus?

- Quando, em algum momento da minha vida, eu preciso saber como Deus me ama, como me olha, procuro Jesus?

3 Terceira parte: "Vinde a mim"

Escuto devagar os três convites de Jesus (v. 28-30). Seleciono o que considero mais importante.

Escuto o primeiro convite dentro de mim: "Vinde a mim todos os que estais cansados e sobrecarregados, e eu vos aliviarei".

- O que mais me preocupa neste momento?
- Eu procuro Jesus quando me sinto sobrecarregado?

Escuto intimamente o segundo convite: "Carregai o meu jugo [...] porque é suportável, e meu fardo é leve".

- Seguir a Jesus é um fardo pesado para mim?
- Quando sinto que Jesus me alivia?

Escuto o terceiro convite: "Aprendei comigo, sou simples e humilde de coração".

- Eu sinto que Jesus é simples e humilde de coração comigo?
- O que posso aprender com esse Jesus "simples e humilde de coração"?

Oração

Passamos da meditação à oração para responder à luz com a que Jesus ilumina o nosso caminho e aos convites que nos faz.

Primeira parte: "Graças te dou, Pai"
– Jesus, a predileção do Pai pelos simples me deixa muito feliz.
– Eu te dou graças por tudo o que estais me ensinando, principalmente.

Segunda parte: "Meu Pai me entregou tudo"
– Jesus, eu quero que me mostres como o Pai está conosco, como Ele olha para nós.
– Lembre-me uma e outra vez...

Terceira parte: "Vinde a mim"
Primeiro convite: – Jesus, ensina-me a buscar-te sempre que eu estiver sobrecarregado.
Segundo convite: – Dá-me forças, Jesus, e atrai-me a ti quando sentires que seguir-te é um fardo pesado para mim, principalmente quando.
Terceiro convite: – Jesus, dá-me um coração simples. Talvez seja a primeira coisa de que preciso.

Contemplação

Jesus nos ensina que o Pai tem predileção pelos simples. Confiando em Jesus, abrimo-nos ao Pai a partir da nossa pobreza e pequenez e procuramos nele o nosso descanso.

- Descansa apenas em Deus, minha alma (Sl 62,1).
- Senhor, Tu és o meu refúgio (Sl 141,6).
- Faz-me ouvir a tua graça, pois confio em ti (Sl 142,8).

Compromisso

- Eu me comprometo a semana toda.
- Tomo uma decisão por um tempo determinado.
- Reviso o compromisso que assumi.

Sugestão: Se você estiver sobrecarregado, sempre que puder, ouça várias vezes as palavras de Jesus: *"Vem a mim. Eu vou te aliviar"*.

***

Dá-me um coração simples

Dá-me, Jesus, um coração simples, um coração de criança, que vê tudo belo.
Dá-me, Jesus, um coração eternamente grato, porque sabe que é amado por ti.
Dá-me, Jesus, um coração novo. Um coração de carne como o teu.
Dá-me, Jesus, um coração sensível e generoso que saiba se comover por todos os que sofrem.
Dá-me, Jesus, um coração transparente. Um coração sem duplas intenções.
Dá-me, Jesus, um coração sincero, que busque a verdade acima de tudo.
Dá-me, Jesus, um coração alegre que cante o teu amor e louvor todos os dias.

Anônimo

Canto: Vem a mim

Vem a mim se estiverdes cansado e
   sobrecarregado.
Vem a mim, que te aliviarei.
Nunca desistas,
   porque eu, o Senhor, teu Deus, estou contigo.

Porque eu, o Senhor, teu Deus, estou
contigo.
Vem a mim, vem a mim, vem.

Ixcis
CD Abrazando la noche 17
www.ixcis.org

Capítulo 3

Escutar Jesus como mestre em nosso interior

Sinais do nosso tempo: a importância de ouvir a verdade

Certamente, ainda não podemos ver completamente a transformação que a mídia moderna está introduzindo no mundo. Hoje podemos viver conectados uns aos outros de maneiras impensáveis apenas há alguns anos. Podemos saber em tempo real o que está acontecendo em qualquer lugar do mundo. Podemos ver ao vivo a Catedral de Notre Dame de Paris arder em chamas.

Esse fato é extremamente positivo, pois tem facilitado cada vez mais a comunicação entre os países, aproximado culturas e religiões e possibilitado abordar de forma conjunta e solidária os problemas que afetam toda a humanidade.

Naturalmente, temos que aprender a viver nesta cultura de comunicação. Todos nós estamos mais ou menos saturados de informações, reportagens, notícias, propagandas e reclamações. Nossa consciência fica sobrecarregada com tantas informações, que, cada vez mais, temos dificuldade para focar a atenção no que é importante ou parar para elaborar a nossa própria reflexão.

Por outro lado, todas essas informações chegam até nós de forma fragmentada, descontínua e, muitas vezes, de forma interessada e manipulada. Não é fácil fazer uma síntese pessoal. Já se fala em distorção deliberada, em pós-verdade, em *fake news...*

Vou apenas destacar o impacto que a televisão pode ter sobre nós. Ela dita as convicções, os centros de interesse, os gostos, as conversas e as expectativas de muitas pessoas. Mas esse meio tão poderoso oferece imagens e influencia conceitos; desenvolve o olhar e dificulta a reflexão; dá preferência ao sensacionalismo e não à realidade. Geralmente, muitos canais procuram distrair, impactar e manter a audiência. Temos que aprender muito para viver nossa vida de maneira lúcida e responsável.

Segundo fontes evangélicas, Jesus foi um grande comunicador, que atraía as pessoas com sua palavra. Um profeta que anunciava apaixonadamente uma mensagem considerada como "boas-novas" de Deus desde o princípio por seus seguidores. Ele não impunha sua mensagem a ninguém. Ele tinha o hábito de terminar suas palavras dizendo: "Quem tem ouvidos para ouvir, ouça".

Para descobrir a mensagem de Jesus é necessário escutar atentamente suas palavras e acolhê-las dentro de nós, gravá-las no nosso coração. Embora Jesus respeite a todos e não force ninguém a segui-lo, Ele ousa fazer uma afirmação que pode ser importante nesses tempos em que não é fácil orientar a nossa vida corretamente:

"Quem ouve as minhas palavras e as põe em prática é como o homem sensato que edifica a sua casa sobre a rocha" (Mt 7,24).

Por volta do ano 100 d.C., quando as comunidades cristãs já tinham experiência comprovada no seguimento de Jesus, o Evangelho de João atribui a Ele esta afirmação: "As palavras que eu vos disse são espírito e vida" (Jo 6,63). Também podem ser para nós hoje, na sociedade pós-moderna em que vivemos.

6

Buscar Jesus como Mestre em nosso interior (Jo 20,11-18)

Ao iniciar a sessão

Sentamos relaxados, fechamos os olhos... respiramos com calma. Permanecemos em silêncio. Eu vou ouvir Jesus. Ele pode me ensinar a procurá-lo dentro de mim como meu Mestre.

Jo 20,11-18

[11]Maria estava perto do túmulo, do lado de fora, chorando. Enquanto chorava, olhou para o túmulo [12]e viu dois anjos vestidos de branco, um sentado à cabeceira e o outro aos pés, no lugar onde estivera o corpo de Jesus. [13]Eles perguntaram a ela: – Mulher, por que está chorando? E ela respondeu: – Levaram o meu Senhor, e não sei onde o puseram. [14]Dito isso, ela se virou para trás e viu Jesus de pé, mas não sabia que era Ele. [15]Jesus perguntou a ela: – Mulher, por que estás chorando? Quem estás procurando? Ela, pensando que era o encarregado do jardim, diz a Ele: Senhor, se o pegou, diga-

-me onde o colocou, e irei pegá-lo. [16]Jesus diz a ela: – Maria! Ela, virando-se, disse a Ele em hebraico: – *Rabbuni!* (que quer dizer: Mestre). [17]Jesus diz a ela: – Solte-me, porque ainda não subi ao Pai. Mas vá até meus irmãos e diga a eles: – Eu subo a meu Pai e teu Pai, a meu Deus e teu Deus. [18]Então Maria Madalena foi e disse aos discípulos: – Eu vi o Senhor, e Ele me disse isto.

No segundo capítulo, vimos a importância de *acolher o Espírito Santo que Jesus infunde em nós*. Não vamos fazer nossa jornada sozinhos, contando apenas com nossos esforços. Vamos fazê-la encorajados pelo sopro de Jesus. Agora vamos dar mais um passo. Devemos *aprender a ouvir Jesus como Mestre em nosso interior.* Isso é decisivo, pois é Jesus ressuscitado quem, do fundo do nosso ser, irá nos guiar como Mestre interior no nosso caminho.

Leitura

O relato de João descreve o caminho que Maria Madalena faz em busca de Jesus no sepulcro onde Ele havia sido sepultado. Maria começa sua busca assim que pode: após o descanso do sábado. Ainda era noite quando ela vai ao túmulo de Jesus e o encontra vazio. Sua primeira reação foi sair correndo para comunicar sua angústia a Pedro e ao discípulo amado, os dois discípulos mais próximos de Jesus: "Levaram o Senhor do sepulcro, e não sabemos onde o puseram". Os discípulos respondem com seu silêncio. Nem eles sabem o que poderia ter acontecido. Eles correm até o sepulcro e constatam que o que Maria diz é verdade (Jo 20,1-11). O texto que vamos ler começa aqui. Os discípulos voltam para casa, e Maria fica sozinha junto ao sepulcro.

Podemos organizar o relato em três momentos: 1) o choro de Maria e o diálogo com as duas testemunhas; 2) o encontro de Maria com Jesus; 3) Jesus envia Maria para anunciar a boa-nova aos discípulos e Maria faz o que seu Mestre lhe pede.

1 Choro de Maria e diálogo com as duas testemunhas (v. 11-13)

Maria está sozinha, triste e desconsolada. Aquele que era tudo para ela fora executado. O Mestre que a havia compreendido e curado. O profeta a quem havia seguido fielmente até o fim. Sua vida não tem mais um centro. Ela não sabe viver sem Jesus. O relato repete duas vezes que ela estava *chorando* para expressar que suas lágrimas brotavam do fundo do seu coração. Suas lágrimas não são as lamentações dos enlutados que acompanharam os funerais.

O texto nos diz que ela está *fora*, junto ao sepulcro. Está fora do mistério de Jesus ressuscitado. Maria não consegue deixar de amar Jesus. Ela precisa se agarrar pelo menos ao seu corpo morto. Este é o seu grande erro: procurar entre os mortos aquele que vive. Mas o importante e decisivo é que ela continua procurando por Jesus. Não fica passiva. Não afunda em seu desconsolo. Seu coração procura por Jesus.

Sem parar de chorar, aproxima-se do sepulcro e vê *dois anjos* vestidos de branco, a cor da alegria. Eles estão *sentados*, como uma espécie de guarda de honra, nas extremidades do lugar onde havia estado o corpo de Jesus. São duas testemunhas enviadas por Deus para anunciar que Jesus vive. Por isso, fazem a ela uma pergunta importante: "Mulher, por que está chorando?" Não basta procurá-lo por fora, pedindo informações aos outros. Esse não é o caminho. Ela já tentou isso: os dois discípulos não conseguiram transmitir nenhuma esperança a ela. Devemos procurar Jesus vivo em nosso interior: Por que seu coração está triste? O que falta para recuperar a paz e a alegria?

2 Encontro com Jesus ressuscitado (v. 14-16)

Maria não responde à pergunta. Em seu coração, tem apenas uma obsessão: "Levaram o meu Senhor, e não sei onde o puseram". Mas continua procurando. De repente, ela se vira e vê Jesus *em pé*; isto é, como é típico de uma pessoa que está viva, não *morta* como esteve no sepulcro. Mas Maria, cega pela dor e pelas lágrimas, não o reconhece. Jesus faz toda a pergunta que as duas testemunhas enviadas por Deus haviam começado: "Mulher, por que estás chorando? Quem estás procurando?"

Jesus convida Maria a procurar o Ressuscitado fazendo um caminho interior. É um erro procurar provas em um sepulcro vazio para encontrar o Ressuscitado e acreditar nele. Também não basta pedir informações a outros discípulos. É o amor de Jesus, conhecido dos Evangelhos e procurado no fundo do nosso coração, que pode nos levar até o encontro com o Ressuscitado.

Mas, para encontrar Jesus ressuscitado, nossos esforços não são suficientes. Maria está vendo Jesus diante de seus olhos, mas acredita que Ele é o "encarregado do jardim". Continua presa em seu desconsolo: "Senhor, se o pegou, diga-me onde o colocou, e irei pegá-lo". É então que Jesus a chama pelo nome, com a mesma ternura com que a chamava quando caminhavam pela Galileia: "Maria!" Imediatamente, ela reconhece sua voz e, "virando-se", diz: *"Rabbuni!"* (que significa "Mestre" em hebraico). Os termos utilizados expressam a emoção do encontro de duas pessoas que se amam. Maria *vira-se* para Jesus, deixando o sepulcro atrás dela. Uma nova vida começa para ela. O encontro sugere que Jesus a chama para segui-lo. Assim dizia Jesus, segundo o Evangelho de João: "Minhas ovelhas ouvem minha voz, e eu as conheço. Eles me seguem, e eu lhes dou a vida eterna" (Jo 10,27-28).

Hoje, alguns autores pensam que, ao escrever o relato, o evangelista se inspira em uma passagem do Cântico dos Cânticos em que a amada procura seu amado: "Procurei o amor da minha alma; procurei-o e não o encontrei! Levantei-me, percorri a cidade, as ruas e as praças, em busca do amor da minha vida; eu o procurei e não o encontrei! Sentinelas me encontraram [...] 'Viste o amor da minha alma?' Eu o abracei e não vou soltá-lo" (Ct 3,1-4).

3 Jesus envia Maria para anunciar a boa-nova aos discípulos (v. 17-18)

Maria se agarra a Jesus. Provavelmente, abraça seus pés, como as mulheres fazem no relato de Mt 28,9. Maria esquece tudo. Não pensa nos discípulos, que não sabem que Jesus está vivo. Ela gostaria de viver abraçada a Jesus para sempre. Mas ainda não estamos na fase final. Jesus vai mudar seu desejo pela eternidade: "Solta-me, que ainda não subi até o Pai, e vai com teus irmãos". O termo *solta-me* significa *pare de me tocar*, não significa que Jesus deseja separá-la dele como se estivesse fazendo algo inconveniente. Simplesmente tem que deixá-lo para poder anunciar aos discípulos que Jesus ressuscitou. As palavras de Jesus surpreendem: "Ainda não subi ao Pai". Mas provavelmente se devem ao fato de que, para o Evangelista João, a ressurreição, a ascensão e a entrada na glória do Pai são um único mistério, começando pela sua *elevação* na cruz.

O mais importante aqui é observar que Jesus chama os discípulos de *irmãos* pela primeira vez. Já os havia chamado de *amigos* (Jo 15,15). Agora diz que, entre Ele e seus discípulos, existe um amor fraternal. Jesus não é apenas nosso amigo, mas também nosso irmão. Essa é precisamente a mensagem que Maria deve anunciar aos discípulos: "Eu subo a meu Pai e teu Pai, a meu Deus e teu Deus". O Pai de Jesus também é nosso Pai. O Deus dele também é nosso Deus.

É por isso que, em sua primeira carta, João diz: "Estamos em comunhão com o Pai e com seu Filho, Jesus Cristo. Estas coisas vos escrevemos, para que o vosso gozo se cumpra" (1Jo 1,3-4).

A resposta de Maria é admirável. Ela, que não parou por nada até encontrar Jesus, agora tem forças para deixá-lo e levar a boa-nova aos irmãos. O relato termina solenemente, chamando-a pelo nome completo: "Maria Madalena foi e disse aos discípulos: 'Eu vi o Senhor, e Ele me disse isto'". Maria se tornou uma verdadeira evangelizadora. Não transmite uma doutrina aprendida com outros: "Jesus ressuscitou". Sua própria experiência os contagia: "Eu vi o Senhor". Ela não anuncia uma mensagem que outros lhe ensinaram. Ela conta a eles o que ela mesma ouviu de Jesus ressuscitado, seu Mestre interior.

Para encontrar Jesus ressuscitado é necessário que, em algum momento, apesar da nossa pouca fé e do nosso quotidiano, eu ouça dentro de mim a voz de Jesus, que me chama pelo meu nome, e eu responda: *Meu mestre*. Eu te acolho como meu Mestre interior: Tu me conduzirás pelo caminho de Deus, teu Pai e meu Pai... Eu confio em ti.

Meditação

Lemos o caminho que Maria percorre até encontrar Jesus, cheio de vida, e recebê-lo como Mestre. Agora meditamos sobre essa jornada para ouvir a mensagem que Jesus nos comunica do fundo do nosso ser. Cada um deve se deter naquilo que mais tocar seu coração.

1 Choro de Maria e diálogo com as duas testemunhas

Eu ouço a pergunta das testemunhas: "Por que você está chorando?" (v. 13).

• Por que às vezes minha fé é tão triste? Por que esse desânimo, essa falta de alegria, esse pessimismo que às vezes sinto dentro de mim?

- Estou procurando Jesus fora de mim, lendo algo, ouvindo alguém?

2 Encontro com Jesus ressuscitado

Eu ouço a pergunta de Jesus: "Por que estás chorando? Quem procuras?" (v. 15).

- O que eu procuro na vida? Em quem me apoio? Para quê?
- Estou determinado a buscar Jesus dentro de mim?

Passo algum tempo ouvindo interiormente Jesus, que me chama pelo meu nome.

- O que eu sinto? Alegria, confiança, gratidão, um grande desejo de abraçá-lo?

3 Jesus envia Maria para anunciar a boa-nova

Eu ouço Jesus com atenção interior: "Vá até meus irmãos..." (v. 17).

- Já me senti chamado para ser uma testemunha de Jesus?
- Como eu posso comunicar as boas-novas de Jesus? Com minha vida? Com minha palavra?

Oração

Meditamos sobre o caminho que Maria percorreu até encontrar Jesus ressuscitado e se tornar uma mulher capaz de comunicar a boa-nova de Jesus Cristo a partir de sua própria experiência. Agora nos preparamos para dialogar com Jesus, que procurou-a, chamou-a pelo nome e transformou-a em evangelizadora.

– Jesus, estou recebendo tanto de ti que agora só quero te abraçar, assim como Maria fez...

– Jesus, sinto que te amo pouco, pois mal te conheço.

– Quero te encontrar dentro de mim, mas não sei como. Passei muito tempo procurando por ti fora de mim, e muito pouco. Jesus, ajuda-me.

– Quantas vezes já me chamaste pelo meu nome, mas ainda não conheço tua voz.

– Não te canses de me chamar. Mesmo se eu não te ouvir, sabes que te amo.

– Jesus, não sei o que posso comunicar sobre ti aos outros. Talvez como Tu me entendes e me perdoas.

– Neste momento, somente sinto a necessidade de viver dando graças a ti.

Contemplação

Jesus anuncia a Maria que seu Pai é também nosso Pai, seu Deus é nosso Deus. Vamos acolher esse Deus com gratidão, adorando seu mistério de bondade e amor. Para preparar nosso coração antes de entrar no silêncio contemplativo, vamos ler alguns trechos tirados dos Salmos.

• Provai e vede quão suave é o Senhor (Sl 33,9).

• O Senhor é amoroso com todas as suas criaturas (Sl 144,9).

• Ele é bom em todas as suas ações (Sl 144,17).

Compromisso

• Eu me comprometo a semana toda.

• Tomo uma decisão por um tempo determinado.

- Reviso o compromisso que assumi.

Sugestão: Leia, na obra *A renovação do cristianismo* [Série Recuperar Jesus como Mestre interior]. Petrópolis: Vozes, 2022, cap. 8, e reserve algum tempo para estar em silêncio contemplativo diante de Deus.

***

Tarde te amei

Tarde te amei, belezura tão velha e tão
nova, tarde te amei [...].
Tu estavas dentro de mim, e eu estava fora.
E fora de mim eu te procurava.
E, por mais deformado que fosse, lancei-
-me sobre a beleza das criaturas.
Tu estavas comigo, mas eu não estava
     contigo.
Fui mantido prisioneiro longe de ti e da-
quelas coisas que, se não existissem em ti,
não existiriam.
Mas Tu me chamaste, gritaste por mim e
quebraste minha surdez.
Relampejante, brilhaste, e teu brilho dissi-
pou minha cegueira...
Agora eu te provei, e estou morrendo de
fome e sede.
Tu me tocaste, e anseio por tua paz.

Santo Agostinho de Hipona

Canto: Encontro

Encontrar-me contigo, Jesus de Nazaré,
é a maior felicidade da minha vida.
Encontrar-me contigo, Jesus de Nazaré.

Bebeste da minha água em tua sede
e saciaste minha sede com água viva.

Soubeste que à noite eu te procurava
e te ouvi dizer: "Renasce para uma nova
  vida".
Ceaste na minha casa, lá, comigo,
e na tua casa eu encontrei a do amigo.
Tu me viste sem eu te ver... no escuro,
e era lama e amor... era a luz das estrelas.

Encontrar-me...
Porque só o teu amor vale mais que a vida!

STJ
CD Todo es posible 19
casadeoracion@stjteresianas.org

7

Abrirmo-nos a Deus para ouvir sua boa-nova (Mc 7,31-37)

Ao iniciar a sessão

Relaxamos... fechamos os olhos... respiramos com calma. Aos poucos, silenciamos nosso ruído interior. Vou ouvir Jesus, meu Mestre interior. Ele pode trabalhar comigo internamente para me abrir a Deus e ouvir sua Palavra.

Mc 7,31-37

[31]Jesus deixou o território de Tiro e caminhou novamente por Sidom, em direção ao Lago da Galileia, cruzando a Decápolis. [32]E apresentaram-lhe um surdo que, além disso, mal conseguia falar, e pediram que Ele impusesse suas mãos sobre aquele homem. [33]Jesus, afastando-o do povo, levando-o para um lado, pôs os dedos nos ouvidos e, com a saliva, tocou-lhe a língua. [34]E, erguendo o olhar, suspirou e disse: – *Effetá* (i. é: Abre-te). [35]Instantaneamente, seus ouvidos se abriram, sua língua se soltou, e

ele começou a falar sem dificuldade. [36]Jesus ordenou que não contassem a ninguém; mas, quanto mais Ele ordenava, com mais insistência as pessoas o proclamavam. [37]E, no auge do espanto, disseram: – Ele faz tudo bem; Ele faz os surdos ouvirem e os mudos falarem.

No texto acima, consideramos a importância de *ouvir no nosso interior Jesus como Mestre*. Agora vamos dar mais um passo. Jesus nos convidará a *nos deixarmos trabalhar interiormente por Ele para que nos abramos a Deus e possamos escutar sua Palavra*.

Leitura

O Evangelista Marcos situa este episódio da cura de um surdo-mudo às margens do Lago da Galileia, em uma região habitada principalmente por pagãos. Esse contexto geográfico não nos ajuda muito a descobrir o conteúdo profundo da atuação de Jesus. Para isso, devemos lembrar que os profetas de Israel usavam a *cegueira* e a *surdez* como metáforas para falar do fechamento e da resistência do povo a seu Deus. Apesar de viver seu relacionamento como uma *aliança* íntima com Deus, Israel é um povo que "tem olhos mas não vê" o que Deus faz por ele; "tem ouvidos mas não ouve" o que Deus está dizendo a ele. Por isso, um profeta anônimo convida o povo a se converter a Deus com estas palavras: "Surdos, escutai e ouvi. Cegos, olhai e vede" (Is 42,18).

Curiosamente, no Evangelho de Marcos encontramos dois relatos paralelos: a cura de um surdo-mudo que vamos ler (7,31-37) e a cura de um cego (8,22-26). Em ambos, o evangelista destaca a dificuldade que Jesus encontra para curá-los. Posteriormente, em um texto exclusivo de Marcos, Jesus diz: "Ainda não entendestes? Vosso coração está endurecido: tendes olhos que não veem e ouvidos que não ouvem" (8,17). Esse relato, a cura do surdo, que, além disso, mal falava, é um claro convite a que nos deixemos trabalhar por Jesus para escutar e acolher suas palavras, e nelas a boa-nova de Deus, nosso Pai.

Podemos organizar o texto em três partes: 1) apresentação do doente a Jesus; 2) atuação curadora de Jesus; 3) reação das pessoas ao verem o surdo-mudo curado.

1 Apresentação do doente a Jesus (v. 32)

O evangelista descreve, em breves palavras, a lamentável situação do surdo-mudo. Vive como alheio a tudo. Não parece estar ciente da sua condição. Não faz nada para se aproximar de Jesus. Nunca sairia de seu isolamento com suas próprias forças. São os outros que se interessam por ele e o levam até Jesus, para apresentá-lo. São movidos apenas por um desejo: eles imploram a Jesus que *imponha suas mãos* sobre ele para transmitir-lhe seu poder de cura.

A desgraça do surdo é que ele só ouve a si mesmo. Não consegue ouvir seus familiares nem seus vizinhos. Não pode conversar com seus amigos. Também não ouve as palavras de Jesus nem entende sua mensagem. Vive isolado em sua própria solidão. Sua situação se agrava ainda mais quando, incapaz de ouvir, sua capacidade de falar se atrofia. O surdo de nosso relato *mal consegue falar* de maneira clara e inteligível. É assim que a sua vida passa: sem ouvir a mensagem dos outros e sem poder comunicar a sua própria mensagem.

Ainda há algo mais doloroso segundo a mentalidade daquele povo religioso. O surdo-mudo não pode ouvir a Palavra de Deus que é proclamada aos sábados na sinagoga nem o canto dos Salmos no Templo. Consequentemente, não pode abençoar e louvar a Deus com hinos e cânticos nem transmitir a tradição da Aliança a seus filhos. Leva uma vida isolada da religião de Israel. Nos escritos de Qumran, diz que "aquele que não vê ou ouve não sabe praticar a Lei".

2 Atuação curadora de Jesus (v. 33-35)

Assim que ouve o apelo que lhe é feito, Jesus age sem demora. Como poderia não aliviar o sofrimento daquele doente? Ele o leva consigo, *afasta-o dos outros* e se concentra no surdo-mudo. Não busca sensacionalismo. Ele quer agir com discrição, somente diante daquele Deus Pai-Mãe do Céu que deseja o melhor para seus filhos.

O evangelista faz uma pausa para descrever em detalhes Jesus trabalhando cuidadosamente o enfermo. Ele não impõe suas mãos sobre ele, como aqueles que o trouxeram até ele pediram. Primeiro, ele insere seus dedos nos ouvidos do surdo para vencer a resistência e remover os obstáculos que o impedem de ouvir. Depois, umedece a língua paralisada com sua saliva para dar fluidez às suas palavras.

Não é uma cura fácil. Os *dedos* de Jesus estão agindo. Sua *saliva*, que, segundo algumas crenças populares, é *hálito condensado* e possui virtude curadora, está estimulando a língua doente. Mas, aparentemente, o surdo-mudo não coopera e resiste. Jesus faz um último esforço. "Levanta o olhar para o céu", procurando que o Pai se junte ao seu trabalho; depois, respirando profundamente, grita ao doente a primeira palavra que deve ouvir no seu mundo interior de surdez. Esta é a única palavra de Jesus em toda o relato: *"Effetá"*; isto é, "Abre-te". Não é dirigida aos ouvidos do paciente, mas à sua pessoa. Jesus o convida a sair do isolamento, a abrir os ouvidos e a se expressar com sua língua.

O surdo-mudo sai do seu isolamento e deixa Jesus trabalhar. No momento em que Jesus e o doente se fundem na mesma fé e se abrem à ação de Deus, Amigo da vida, a cura se torna realidade. Pela primeira vez, aquele pobre homem começa a experimentar como é ouvir os outros e conversar abertamente com todos. Agora ele pode viver ouvindo Jesus e comunicando sua boa-nova aos outros. Não é essa a experiência que precisamos viver? Não é essa abertura interior que precisamos no cristianismo dos nossos dias?

3 Reação das pessoas ao ver o surdo-mudo curado (v. 36-37)

As pessoas, quando veem que o enfermo volta curado, ficam surpresas e admiradas. Jesus pede que sejam discretos e "não contem a ninguém". Ele não quer viver do sucesso. Mas, "quanto mais Ele ordenava, mais insistentemente o proclamavam": "Ele faz tudo bem. Faz os surdos ouvirem e os mudos falarem. Segundo o evangelista, Jesus lembra a Deus que, segundo o Livro do Gênesis, depois de criar a vida: "E viu Deus tudo quanto tinha feito, e eis que era muito bom" (Gn 1,31). Assim também é Jesus. Ele vive sempre fazendo o bem.

O chamado de Jesus é claro: devemos nos deixar trabalhar por Ele para que nos tornemos verdadeiros discípulos e seguidores de Jesus. Se vivermos surdos à sua mensagem, se não entendermos bem o seu projeto ou não captarmos seu amor pelos que sofrem, não escutaremos a vida como Ele a escutava, nem o grito dos que sofrem chegará até nós como chegava a Ele, até as profundezas de seu coração. Mas então não seremos capazes de anunciar sua boa-nova, porque distorceremos sua mensagem. Não devemos esquecê-lo em nossa leitura orante do Evangelho. Se ficarmos surdos às palavras de Jesus, seremos como *gagos* ao anunciar a sua boa-nova. Muitos terão dificuldade para entender nosso *Evangelho desfigurado*.

Meditação

Lemos o relato da cura de um surdo-mudo, que Jesus realiza levando-o para um lugar longe das pessoas. Agora vamos meditar sobre isso para ouvir o que Jesus comunica a cada um de nós. Ele pode curar a surdez que nos impede de ouvi-lo mais profundamente. Vamos ouvir com atenção.

1 Apresentação do enfermo

Tomo conhecimento da situação em que o surdo-mudo se encontra...

- Estou ciente da resistência que faço diante dos chamados que Jesus está me fazendo?
- Será que não estou fechado demais em minhas próprias coisas?
- É possível seguir Jesus sem ouvir sua mensagem e sem comunicá-la a ninguém?

2 Atuação curadora de Jesus

Ouço por um bom tempo o chamado que Jesus me faz: "Abre-te" (v. 34).

- Eu acredito no poder de cura de Jesus para curar minha vida interior?
- Eu preciso me retirar com Jesus mais frequentemente e me afastar das pessoas para deixá-lo trabalhar em mim?

3 Reação das pessoas ao ver o surdo-mudo curado

Ouço as palavras do povo: "Ele faz tudo bem; Ele faz os surdos ouvirem e os mudos falarem" (v. 37).

- Eu me identifico com seus sentimentos? Eu adicionaria alguma coisa?
- Neste momento, eu sinto que Jesus está me fazendo bem?
- Acolho melhor as palavras de Jesus no meu interior?
- Comecei a compartilhar minha experiência com Jesus com alguém?

Oração

Meditamos sobre a cura do surdo-mudo feita por Jesus e ouvimos seu chamado a nos abrirmos. Agora queremos dialogar com Jesus. Vamos dizer a Ele como nos sentimos. O que brota do nosso coração?

– Jesus, enche-me de alegria ver como te concentras em curar a surdez daquele enfermo. Eu acho que também me trabalhas assim. Por que ainda não percebi?

– Jesus, eu quero continuar ouvindo-te uma e outra vez: "Abre-te". Isso me faz bem, isso me dá paz, eu te sinto perto, embora eu mude muito pouco.

– Quero comunicar aos outros algo do que estou vivenciando contigo. Dai-me tua luz.

– Jesus, estás me fazendo muito bem. Sinto que estás me atraindo cada vez mais. Não sei como te dar graças.

Contemplação

Meditamos sobre como Jesus "levanta seu olhar para o céu", pedindo a Deus ajuda para curar a surdez do enfermo. Nós também podemos ficar em silêncio contemplativo, elevando nosso olhar interior para Deus em atitude de súplica. Alguns breves trechos extraídos dos Salmos podem nos ajudar a dispor o nosso coração.

• Senhor, meus olhos estão voltados para ti (Sl 140,8).
• Que a bondade do Senhor desça até nós (Sl 89,17).
• Desperta teu poder e vem nos salvar (Sl 79,4).

Compromisso

- Eu me comprometo a semana toda.
- Tomo uma decisão por um tempo determinado.
- Reviso o compromisso que assumi.

Sugestão: Reservo alguns momentos, quando me retiro para descansar, para ouvir o chamado que Jesus me faz: "Abre-te".

***

Estás perto

Estás perto, ajudas a me conhecer,
estás sempre, falas comigo como a uma
criança,
estás esperando, me encorajas a ser eu
mesmo,
e não paro e te ignoro.
Respeitas minha liberdade, amas-me com
ternura,
caminhas comigo, queres o melhor para
mim,
sustentas minha vida, oferece-me tudo o
que possui,
e eu não percebo e não te agradeço.

Florentino Ulibarri

Canto: Abrir-se ao Senhor

A ti desejo abrir-me, Senhor. (bis)
Eu quero abrir-te meu coração. (bis)

A ti, com minhas mãos, Senhor. A ti, bem
abertas, Senhor.
A ti, em silêncio, Senhor. A ti, em silêncio,
Senhor.

Eu quero abrir-te meu coração. (bis)

A ti, com meus olhos, Senhor. A ti eu
olho, Senhor.
A ti, com meus passos, Senhor. A ti caminhando, Senhor.

Eu quero abrir-te meu coração. (bis)

CD Con cuerdas de cariño 2, n. 6
Fran. Assisi Producciones

8

Sentarmo-nos para ouvir a palavra de Jesus como discípulos (Lc 10,38-42)

Ao iniciar a sessão

Relaxamos... fechamos os olhos... respiramos pausadamente. Aos poucos, silenciamos nosso ruído interior. Vou ouvir Jesus, meu Mestre interior. Ele vai insistir na importância de me sentar para ouvir sua palavra como discípulo.

Lc 10,38-42

[38]Enquanto eles estavam a caminho, Jesus entrou em uma aldeia, e uma mulher chamada Marta o recebeu em sua casa. [39]Ela tinha uma irmã chamada Maria, que, sentada aos pés do Senhor, ouvia sua palavra. [40]Marta se multiplicava para dar conta do serviço, até que lhe disse: – Senhor, não se importa que minha irmã tenha me deixado sozinha com o serviço? Diga a ela para que me dê uma mão. [41]Mas o Senhor respondeu: – Marta, Marta, você está inquieta e nervosa com tantas coisas; [42]apenas uma é

> necessária. Maria escolheu a melhor parte, e não vão tirá-la dela.
>
> No texto acima Jesus nos convida *a nos deixar trabalhar por Ele para curar nossa surdez* e nos chama a nos abrir à sua Palavra. Agora Ele vai insistir na *importância de nos sentarmos como discípulos* para ouvir sua Palavra atenciosamente.

Leitura

Enquanto o grupo de discípulos segue seu caminho, Jesus chega sozinho a uma aldeia e vai até uma casa onde é recebido por uma mulher chamada Marta. A rejeição que sofrera pouco antes em uma aldeia da Samaria (Lc 9,51-55) serve de contraponto ao acolhimento que agora recebe nessa casa onde encontra duas irmãs: Marta, que parece ser a dona da casa, e Maria, a mais nova. Trata-se de uma família amiga de Betânia, uma aldeia próxima de Jerusalém, relatada pela tradição de João, que nos informa que também tinham um irmão chamado Lázaro. Aparentemente, quando Jesus subia para a Cidade Santa, ficava hospedado em sua casa.

A presença de Jesus na casa provocará duas reações muito diferentes nas irmãs. Marta se concentra completamente em servir a Jesus para que Ele se sinta bem-vindo. Maria, pelo contrário, senta-se aos pés de Jesus e concentra toda a sua atenção em ouvir sua palavra. De forma simples e sugestiva, o relato levanta uma questão: O que Jesus espera de nós quando o recebemos em nossa casa?

Podemos organizar o relato em três cenas: 1) Maria, sentada aos pés de Jesus, ouvia sua palavra; 2) Marta, sobrecarregada pelo seu trabalho, queixa-se com Jesus; 3) resposta de Jesus.

1 Maria, sentada aos pés de Jesus, ouvia sua palavra (v. 39)

Maria, a irmã mais nova, ignora tudo e permanece "sentada aos pés do Senhor". Seu acolhimento de Jesus não se manifesta em *fazer trabalhos* nem em *dizer palavras*. Na verdade, ela não pronuncia uma única palavra em todo o relato; sua única ocupação é "ouvir a palavra de Jesus". Lucas a descreve com traços que caracterizam o verdadeiro discípulo: atenta à sua voz, acolhe a sua palavra alimentando-se de seus ensinamentos.

Ficar aos pés de alguém era a linguagem usada pelos judeus para designar um discípulo autêntico. Quando Paulo de Tarso se defende diante de um grupo de judeus que querem prendê-lo, diz a eles: "Fui instruído aos pés de Gamaliel, na fiel observância da Lei de nossos pais" (At 22,3). Maria é apresentada como um modelo exemplar de discípula que, sentada aos pés de Jesus, ouve atentamente a sua Palavra. Não devemos nos esquecer disso. Nós também só podemos realizar nosso caminho de leitura orante do Evangelho de forma autêntica se soubermos nos sentar *aos pés de Jesus* para ouvir sua *Palavra* atenciosamente.

A cena é surpreendente, pois, nos tempos de Jesus, as mulheres não podiam frequentar a escola dos mestres da Lei. Poderemos ver como Jesus aceitou as mulheres como discípulas no mesmo nível que os homens. Essa atuação de Jesus em busca de um discipulado de iguais decorre de seu projeto de caminhar em direção a um mundo sem dominação masculina.

2 Marta, sobrecarregada pelo seu trabalho, queixa-se com Jesus (v. 40)

A reação de Marta é muito diferente. Desde que Jesus chegou, ela fez todo o possível para recebê-lo da forma mais adequada. Fez de tudo para servir a Jesus. No relato, o termo *serviço* é repetido duas vezes.

Mas Lucas a descreve, acima de tudo, como sobrecarregada pelo seu trabalho. Sua linguagem tem uma nuança pejorativa: entregue a múltiplas tarefas, ela está tensa, nervosa e talvez irritada, porque não está desfrutando da presença de Jesus como sua irmã. Certamente, está absorta nos preparativos de uma boa refeição em homenagem a Jesus: preparar a mesa, trazer os produtos do campo, cozinhar... Não há nada de estranho nisso. É o que as mulheres deviam fazer nessa sociedade. Este é o lugar e a função delas: servir ao homem em tudo, lavar seus pés quando chegarem, fazer pão, cozinhar, cumprir todos os afazeres domésticos.

Mas chega um momento em que, sobrecarregada pela sua atividade excessiva e magoada com sua irmã, Marta para e se queixa com Jesus: "Não se importa que minha irmã tenha me deixado sozinha com o serviço? Diga a ela que me dê uma mão". Marta se sente sozinha, abandonada pela irmã. Primeiro, ela se atreve a criticar Jesus por sua indiferença com uma expressão muito dura: "Não se importa?" Depois lhe dá uma ordem: "Diga à minha irmã que me dê uma mão", que se levante, pare de ouvir sua palavra e me ajude a servir a mesa. Com sua reação, Marta está fazendo uma pergunta muito clara: O que é mais importante, ouvir Jesus ou servir-lhe uma boa refeição?

3 A resposta de Jesus (v. 41-42)

Jesus responde a Marta sem perder a calma: "Marta, Marta, você está inquieta e nervosa com tantas coisas". Ele diz isso com muito carinho, repetindo duas vezes o nome dela, para convidá-la a refletir. Ele também está preocupado com a sobrecarga e o nervosismo dela. Ele não critica o interesse dela em recebê-lo nem sua atitude serviçal. Como poderia criticá-la se, com seu exemplo, Ele mesmo está ensinando a todos a viver acolhendo e servindo ao próximo? Inclusive, em um momento em que seus discípulos estão discutindo, mais uma vez, sobre quem será o mais importante, Ele os encoraja a ser importantes servindo a todos e diz: "Eu, entre vós, sou como aquele que serve" (Lc 22,27). O que Ele busca é que Marta reflita sobre sua forma de trabalhar, sobrecarregada pelo excesso de obrigações. Ele quer alertá-la de que corre o risco de esquecer a primeira e mais importante coisa: ouvir a boa-nova de Deus pelos seus lábios.

Jesus acrescenta: "Só uma coisa é necessária. Maria escolheu a melhor parte, e não vão tirá-la dela". Nos diferentes manuscritos é possível ler que *apenas uma coisa, poucas coisas, poucas coisas, até mesmo uma única coisa* é necessária. Em todo caso, Maria escolheu *a melhor parte*, a mais importante, a mais essencial. Não é que o *serviço* seja a parte ruim, mas a *escuta da Palavra* de Jesus vem em primeiro lugar, porque seu Evangelho é a fonte e o critério para todo serviço. Por isso, ninguém deve negar a Maria o direito de se sentar para ouvir a Palavra de Jesus.

Ensinamento do relato

Um incidente caseiro serve como ponto de partida para o Evangelista Lucas oferecer um ensinamento voltado para as comunidades cristãs: O que é mais importante, ouvir o Evangelho ou as tarefas de serviço nas comunidades de Jesus? Muitos autores pensam que Lucas se dirige a uma comunidade na qual não existe maior interesse em ouvir o Evangelho, enquanto realizam múltiplas tarefas e serviços de todos os tipos.

Por isso, Ele deixa claro que a *escuta do Evangelho* que Maria escolheu nunca deve ser *tirada*, suprimida ou esquecida. O contato vivo com o Evangelho é a primeira experiência da qual nasce toda comunidade cristã. Se não se cuida da escuta do Evangelho, a ação evangelizadora fica desfigurada, pois os evangelizadores não podem falar por experiência própria. A escuta pessoal do Evangelho é fonte, critério e norma de todas as atividades pastorais.

Duas consequências concretas para nossos dias

Pressionados pela falta de voluntários para as diferentes tarefas, não podemos nos acostumar a pedir aos cristãos mais generosos todos os tipos de compromissos dentro e fora da comunidade cristã. Sempre os mesmos e os mesmos para tudo. Se, ao mesmo tempo, não oferecemos espaços, tempos e meios para conhecer Jesus, escutar a sua Palavra e se alimentar do Evangelho, estaremos promovendo comunidades impulsionadas por cristãos sobrecarregados e não por testemunhas de Jesus capazes de irradiar e espalhar um Evangelho renovador.

No relato, a posição de Jesus diante da mulher também é clara. Jesus não quer ver mulheres apenas trabalhando em afazeres domésticos. Ele quer vê-las *sentadas*, com os mesmos direitos que os homens. Ainda falta muito para que a Igreja alcance uma verdadeira igualdade e dignidade entre mulheres e homens. Devemos tomar mais consciência da situação injusta e pouco fiel a Jesus em muitas comunidades cristãs, onde a responsabilidade pastoral, a direção e a tomada de decisões estão quase sempre em mãos de homens, enquanto a limpeza do templo e o cuidado do vestuário geralmente são de responsabilidade das mulheres, que, muitas vezes, não recebem seu devido valor.

Meditação

Lemos o relato em que as irmãs Marta e Maria reagem de maneira diferente quando seu amigo Jesus chega à sua casa. O relato levanta uma questão: O que Jesus espera de nós quando o recebemos em nossa casa, isto é, em nossa vida? Agora meditamos sobre o que o próprio Jesus quer nos ensinar a partir de dentro de nós mesmos.

1 Maria, sentada aos pés de Jesus, ouvia sua palavra

Contemplo a cena com cuidado (v. 39).

- Eu desejo estar assim com Jesus, a sós, em silêncio, ouvindo atentamente suas palavras? Isso me atrai?
- Eu me sinto um discípulo de Jesus? Estou disposto a aprender a viver ouvindo-o?
- Quero que Jesus seja, dia após dia, meu Mestre interior?

2 Marta, sobrecarregada pelo seu trabalho, queixa-se com Jesus

Contemplo Marta lentamente, preocupada em cuidar e servir a Jesus (v. 40).

- O que eu penso sobre o trabalho dela? Como o valorizo?
- Eu também vivo assim, sobrecarregado por um excesso de atividades, sem me encontrar comigo mesmo ou com Jesus?
- O que posso mudar na minha vida para viver em um ritmo mais calmo?

Escuto a queixa de Marta.

- Eu entendo a queixa dela?
- Eu também vivo assim? Queixando-me?

3 Resposta de Jesus

"Marta, Marta, você está inquieta e nervosa com tantas coisas."

Escuto Jesus internamente.

• Sinto que são palavras que ele dirige a mim também?

• Para o que Jesus está me chamando?

"Maria escolheu a melhor parte."
Escuto o que Jesus me diz com estas palavras.

• O que eu quero escolher?

• Será que me atrai viver como Maria, aos pés de Jesus, ouvindo sua palavra?

Oração

Meditamos sobre o que Jesus quer nos lembrar neste relato de Marta e Maria. Como cada um de nós responde a Ele? O que eu quero dizer a Ele?

– Jesus, Tu sabes o quanto me atrai a atitude de Maria e também sabes da minha falta de perseverança. Eu preciso da tua ajuda.

– Digo que sou cristão e seu discípulo, mas estou percebendo que não me preocupo em aprender a viver como ti.

– Jesus, eu quero que sejas meu Mestre interior. Quero aprender a ficar aos teus pés, como Maria. Como minha vida mudaria! Dá-me força e luz.

– Jesus, eu também vivo sobrecarregado por tantas obrigações, mas não é para servir-te. É que estou preso às minhas coisas e aos meus pequenos interesses. Obrigado porque eu sei que me entendes.

– Jesus, fala comigo uma e outra vez com carinho, como com a Marta. Não quero viver sobrecarregado e sem parar. Faz-me mais consciente de que estou desperdiçando minha vida. Eu confio em ti.

Contemplação

Sentados aos pés de Jesus, ouvindo a sua Palavra, vamos nos abrindo cada vez mais ao mistério insondável que é Deus, nosso Pai-Mãe. Agora nos sentamos para ficar em silêncio contemplativo. Podemos dispor nossos corações com palavras tiradas dos Salmos.

- Procurarei a tua face, Senhor (Sl 29,9).
- Senhor, meu Deus, eu me refugio em ti (Sl 7,2).
- Tenho a tua bondade diante dos meus olhos, Senhor (Sl 25,3).

Compromisso

- Eu me comprometo a semana toda.
- Tomo uma decisão por um tempo determinado.
- Reviso o compromisso que assumi.

Sugestão: Introduzo em minha vida o hábito de reservar algum tempo do dia para ficar em silêncio por cinco minutos e me libertar do meu excesso de atividade.

***

Da nossa fraqueza
Recebe, Senhor, nossa fraqueza
e transforma-a em força.
Recebe, Senhor, nossos medos
e transforma-os em confiança.
Recebe, Senhor, nossas queixas

e transforma-as em louvor.
Recebe, Senhor, nosso sofrimento
e transforma-o em júbilo.
Recebe, Senhor, nosso cansaço
e transforma-o em vigor.
Recebe, Senhor, nossa indiferença
e transforma-a em ternura.
Recebe, Senhor, nossas crises
e transforma-as em crescimento.

Florentino Ulibarri

Canto: Estar

Estar, apenas estar, estar e saber que estás
lá dentro.
Estar, apenas estar, sem palavras, sem
ruído.

Apenas amor, apenas amor e silêncio. (bis)

STJ
CD Ya es tiempo 1, n. 3
casadeoracion@stjteresianas.org

9

Permanecermos na palavra de Jesus (Jo 8,31-36)

Ao iniciar a sessão

Relaxamos... fechamos os olhos... respiramos com calma... fazemos silêncio em nosso interior. Vou ouvir Jesus, que fala ao meu coração. Ele está me esperando.

Jo 8,31-36

[31]Jesus disse aos judeus que haviam acreditado nele: – Se vós permanecerdes na minha palavra, verdadeiramente sereis meus discípulos; [32]conhecereis a verdade, e a verdade vos libertará. [33]Eles responderam: – Somos descendentes de Abraão, e nunca fomos escravos de ninguém. Como dizes: – Eu vos libertarei? [34]Jesus lhes respondeu: – Em verdade, em verdade eu vos digo: todo aquele que comete pecado é escravo, [35]e o escravo não fica para sempre em casa, enquanto a criança fica para sempre. [36]Se o Filho vos libertar, sereis realmente livres.

No texto acima, vimos a importância de nos sentarmos aos pés de Jesus e *ouvir atentamente sua Palavra*. Agora veremos que isso não é suficiente. Jesus nos chama a *permanecermos fiéis a essa Palavra que ouvimos*.

Leitura

De acordo com o relato de João, Jesus fala a um grupo de judeus que "haviam acreditado nele". Em seguida, veremos que, na realidade, eles ainda não são verdadeiros discípulos. No início, eles dão algum crédito à sua mensagem, mas logo protestarão e rejeitarão as palavras que Jesus lhes dirige. São pessoas que no princípio se inclinaram a acreditar nele, mas ainda têm um longo caminho a percorrer para se tornarem verdadeiros discípulos. Nós também estamos no início do nosso caminho. Estamos dando passos importantes, mas ainda temos que aceitar a Palavra de Jesus com mais firmeza dentro de nós e permanecer fiéis a ela.

Podemos organizar o diálogo de Jesus com esse grupo de judeus em três momentos: 1) Jesus expõe a importância de permanecer na sua Palavra; 2) os ouvintes reagem rejeitando as palavras de Jesus; 3) Jesus responde reafirmando sua mensagem e esclarecendo-a mais.

1 Jesus expõe a importância de permanecermos em sua Palavra (v. 31-32)

Jesus se dirige a esse grupo de judeus com poucas palavras, mas com um conteúdo profundo: "Se vós permanecerdes na minha palavra". Jesus começa dizendo que não basta aceitar a sua Palavra um dia, como fez Maria, *sentada a seus pés*. É preciso também que essa Palavra penetre em nós, que a gravemos dentro de nós e permaneçamos nela. Em termos mais concretos, *permanecer na sua Palavra* significa assimilá-la, identificarmo-nos com ela, vivê-la a cada dia, não esquecê-la, mas fazê-la permanecer dentro de nós, de tal forma que transforme aos poucos a nossa vida.

Só assim "sereis verdadeiramente meus discípulos". A constância nos transforma em verdadeiros discípulos. Essa adesão à Palavra de Jesus, mantida dia a dia, é o que nos leva ao verdadeiro discipulado, a uma conexão profunda com Ele. Aqui é preciso salientar que é a primeira vez que a palavra *discípulo* é mencionada por Jesus, e não se refere apenas ao grupo de discípulos que o seguem de perto pelas aldeias, mas a todos os seus seguidores, homens e mulheres.

"Conhecereis a verdade." Permanecer na Palavra de Jesus nos leva a conhecer a verdade. Jesus não está falando do conceito geral de verdade que os filósofos usam, buscando o conhecimento mais profundo da sabedoria humana em suas várias dimensões; também não pensa, obviamente, na verdade científica investigada pelas ciências profanas, tão desenvolvidas em nosso tempo; Ele também não está se referindo a uma doutrina religiosa. Quem acolhe a Palavra de Jesus e nela permanece conhecerá a *verdade salvadora* que Ele anuncia: a boa-nova de Deus, o segredo último da realidade, o conhecimento de Deus, nosso Pai-Mãe, que vamos adquirindo ao ouvir Jesus.

"A verdade vos libertará." É uma das frases mais conhecidas e citadas do Evangelho de João. Para Jesus, a liberdade é fruto da verdade plenamente acolhida, ouvindo fielmente o seu Evangelho. A liberdade dos filhos de Deus: liberdade do pecado e da morte, salvação para a qual o ser humano é chamado. Não é a falsa liberdade de fazer o que quisermos, quase sempre buscando nosso próprio interesse; a liberdade que alimenta nosso falso ego. É a liberdade de fazer o bem ouvindo a Palavra de Jesus. A liberdade de que Paulo fala: "Foi para a liberdade que Cristo nos libertou. Portanto, permaneçam firmes e não se deixem submeter novamente a um jugo de escravidão" (Gl 5,1). Se permanecermos no Evangelho de Jesus, poderemos permanecer em verdadeira liberdade.

2 Reação dos ouvintes (v. 33)

O grupo de judeus rejeita a Palavra de Jesus: "Nós somos descendentes de Abraão, e nunca fomos escravos de ninguém. Como dizes: 'Eu vos libertarei'"? Eles se sentem feridos em seu orgulho religioso e nacional. Eles se sentem filhos livres de Abraão, há muito tempo deixaram de ser escravos do Egito. Não conhecem outro senhor além do Deus da Aliança. Não são escravos de ninguém. Não sentem necessidade de liberdade nenhuma: eles já a têm. Não estão interessados no caminho que Jesus lhes apresenta para alcançar a liberdade. Eles estão enganados: para esses judeus, a liberdade consiste na posse de um direito; para Jesus, a liberdade nasce de uma relação viva com esse Deus que Ele anuncia como Pai-Mãe de todos os seus filhos.

3 Resposta de Jesus reafirmando sua mensagem (v. 34-36)

Jesus responde de maneira firme e solene: "Em verdade, em verdade, eu vos digo: todo aquele que comete pecado é um escravo". Jesus não está falando sobre os pecados que podemos cometer ao longo da vida. Ele fala do *pecado*, no singular, porque pensa no pecado que consiste em rejeitar o caminho que oferece para nos livrarmos de toda a escravidão desumanizante e alcançarmos a liberdade plena. Ser livre ou ser escravo depende do relacionamento que temos com Jesus, o Filho de Deus.

Jesus continua: "O escravo não fica em casa para sempre, enquanto o filho fica para sempre". Não são palavras fáceis de entender. Os judeus disseram a Ele que são *descendentes de Abraão*. Pelo visto, Jesus quer lembrar-lhes que, na casa de Abraão, havia um filho chamado Ismael, que era *escravo*, pois nascera de uma escrava chamada Hagar: esse filho teve que sair de casa. Mas Abraão teve outro filho, chamado Isaac, que era livre, pois era filho de Sara, sua esposa: esse filho ficou em casa como herdeiro.

Ser descendente de Abraão não garante liberdade. Na casa de Deus, o importante é ser livre, e não escravo. Então Jesus lhes diz: "Se o Filho vos libertar, sereis realmente livres". *Só Jesus,* que vive em plena liberdade, participando da vida do Pai, oferece-nos e conduz-nos à liberdade plena e definitiva.

Meditação

Lemos o diálogo de Jesus com um grupo de judeus em que insiste na importância de ouvir sua Palavra. Agora paramos principalmente para meditar sobre as palavras de Jesus.

1 Jesus expõe a importância de permanecermos em sua Palavra

"Se vos mantiverdes na minha palavra, sereis verdadeiramente meus discípulos"

Escuto com atenção essas palavras que Jesus dirige a mim:

- Sou constante na leitura orante do Evangelho? Eu só o leio de vez em quando, apenas por temporadas?
- Eu me sinto atraído por ser um verdadeiro discípulo de Jesus, cada vez mais ligado a Ele?

"Conhecereis a verdade"

Escuto interiormente a Jesus, que me promete conhecer a verdade.

- Eu preciso de mais verdade na minha vida, menos aparências, menos autoenganos?
- Eu desejo conhecer a verdade última da vida ouvindo Jesus?

"A verdade vos libertará"

Ouço essa promessa atraente que Jesus me faz agora.

- O que me impede de ser mais livre, que amarras eu encontro na minha vida?
- Eu acredito que Jesus pode me tornar mais livre?

2 Resposta de Jesus aos judeus reafirmando sua mensagem

"Em verdade, em verdade, eu vos digo: todo aquele que comete pecado é um escravo"

Ouço essa afirmação solene de Jesus.

• Estou ciente de que, quando rejeito Jesus ou me afasto dele, facilmente me permito ser "escravizado" por diferentes egoísmos e interesses?

• Em que aspectos da minha vida isso geralmente acontece comigo?

"Se o Filho vos libertar, sereis realmente livres"
Ouço internamente essas palavras de Jesus.

• Estou disposto a me deixar trabalhar por Ele no meu dia a dia?

Oração

Meditamos sobre palavras muito importantes e consoladoras de Jesus. Como respondemos a Ele? O que brota do nosso coração?

– Jesus, não sei se serei constante e continuarei ouvindo seu Evangelho dia a dia. Muitas vezes, comecei a segui-te. Atrai-me para ti para sempre.

– Estás abrindo um novo horizonte para mim que eu nunca havia pensado. Não sei como agradecer-te, Jesus. Preciso de tempo para assimilar tuas palavras.

– Quanto preciso de ti, Jesus! Coloca mais verdade em meu relacionamento contigo, mais autenticidade, mais coerência.

– Jesus, Tu me conheces. Não sou livre. Vivo preocupado com minha imagem. Mais do que fazer o bem, procuro ficar bem diante de todo mundo. Eu me coloco em tuas mãos.

– Jesus, não me deixa afastar nunca de ti. Como a minha vida seria triste! A que eu poderia me agarrar?

– Quanto mais te conheço, mais te amo. Sei que tu me entendes. Tu me amas como eu sou. Nunca me deixes.

Contemplação

Jesus nos diz que é o Filho de Deus que pode nos tornar realmente livres. Ele pode nos conduzir à verdadeira *liberdade dos filhos de Deus*. Em silêncio contemplativo, podemos nos entregar a Ele com confiança. Alguns trechos extraídos dos Salmos podem nos ajudar a dispor o nosso coração.

- Só em Deus minha alma descansará (Sl 61,2).
- Tu não abandonas aqueles que te procuram (Sl 5,12).
- Meu coração confia nele (Sl 27,6).

Compromisso

- Eu me comprometo a semana toda.
- Tomo uma decisão por um tempo determinado.
- Reviso o compromisso que assumi.

Sugestão: Se estou negligenciando a leitura orante do Evangelho, eu me comprometo a retomá-la com constância a cada semana.

***

Senhor Jesus!
Minha Força e meu Fracasso és Tu.
Minha Herança e minha Paz.

Minha livre liberdade!
Minha Morte e minha Vida, Tu.
Palavra dos meus gritos,
Silêncio da minha espera,
Testemunha dos meus sonhos,
Cruz da minha cruz!
Perdão pelo meu egoísmo,
Juiz do meu pobre choro,
Razão da minha esperança, Tu!
Minha Terra Prometida és Tu...
A Páscoa da minha Páscoa.
Nossa glória
para sempre,
Senhor Jesus!

Pedro Casaldáliga

Canto: Tua palavra
Tua Palavra me dá vida, me levanta e me
faz caminhar.

*Tua Palavra me sustenta, me dá forças para
não recuar. (bis)*

CD Con cuerdas de cariño 1, n. 11
Fran. Assisi Producciones

10

Este é meu Filho amado.
Escutai-o (Mt 17,1-8)

Ao iniciar a sessão

Sentamos relaxados, fechamos os olhos... respiramos com calma. Estamos silenciando nosso ruído interno. Vamos ler o Evangelho orando.

Mt 17,1-8

[1]Jesus tomou consigo Pedro, Tiago e seu irmão, João, e os levou, em particular, a um alto monte. [2]Ali Ele foi transfigurado diante deles. Sua face brilhou como o Sol, e suas roupas se tornaram brancas como a luz. [3]Naquele mesmo momento apareceram diante deles Moisés e Elias, conversando com Jesus. [4]Então Pedro disse a Jesus: – Senhor, é bom estarmos aqui. Se quiseres, farei três tendas: uma para ti, uma para Moisés e outra para Elias. [5]Enquanto ele ainda estava falando, uma nuvem resplandecente os envolveu, e dela saiu uma voz, que dizia: –Este é o meu Filho amado. Escutai-o. [6]Ouvindo isso, os discípulos prostraram-se de bruços, espantados. [7]Jesus se aproximou, tocou neles e disse: – Levan-

> tem-se! Não tenham medo! [8]E, erguendo os olhos, eles não viram mais ninguém, a não ser Jesus.
>
> No texto acima lemos o chamado para *permanecermos na Palavra de Jesus*. Agora vamos ouvir o chamado para *ouvirmos apenas Jesus, o amado Filho do Pai*.

Leitura

A cena é tradicionalmente conhecida como a *transfiguração de Jesus*. Não é possível reconstruir a experiência que deu origem a esse relato surpreendente. Sabemos apenas que os evangelistas sinóticos lhe dão uma importância central. Não é de se estranhar. Esse relato não narra apenas mais um episódio da vida cotidiana de Jesus com seus discípulos, mas uma experiência muito especial na qual três discípulos de Jesus podem vislumbrar algo de sua verdadeira identidade. Para nós, também é um relato de grande importância, porque vamos ouvir a voz de Deus, que nos chama a ouvir apenas Jesus, seu Filho amado.

Podemos organizar o relato em cinco partes: 1) Iniciativa Jesus, 2) transfiguração de Jesus diante de seus discípulos, 3) reação surpreendente de Pedro, 4) "Este é meu Filho amado. Escutai-o", 5) reação dos discípulos e intervenção de Jesus.

1 Iniciativa de Jesus (v. 1)

Como veremos mais adiante, Jesus costumava ir a lugares isolados para se comunicar com seu Pai em silêncio e sozinho. No entanto, os evangelistas falam de duas ocasiões em que Jesus levou consigo um pequeno grupo de três pessoas: a primeira, no topo dessa montanha, e a última, no Jardim do Getsêmani.

Segundo nosso relato, tudo se deve à iniciativa de Jesus. É Ele quem *leva consigo* Pedro, Tiago e João, seu irmão, e é Ele quem "os leva a um alto monte". Certamente, são seus discípulos mais próximos e queridos. Esse pequeno grupo, reunido e conduzido por Jesus a um *alto monte*, viverá uma experiência muito especial a sós com Ele. É isso que o evangelista sugere, visto que, para os hebreus, um *alto monte* é um lugar perto de Deus. Por isso, consideraram que os picos silenciosos das montanhas eram um espaço perfeito para se encontrar com o mistério de Deus e ouvir a sua voz com mais atenção. Os três discípulos vão viver uma experiência que vai iluminar sua adesão a Jesus com uma nova luz. Será que nós não precisamos ter experiências semelhantes?

2 Transfiguração de Jesus diante de seus discípulos (v. 2-3)

Inesperadamente, Jesus se *transfigura diante deles*. O Evangelho de Lucas diz que aconteceu "enquanto Ele orava". Ao se comunicar com o Pai, o rosto de Jesus mudou e começou a "brilhar como o Sol", "suas vestes ficaram brancas como a luz": aquela luz que, segundo a tradição bíblica, são as vestes de Deus. O narrador não sabe que recursos usar para expressar o que os discípulos estão vivenciando. Aquele Jesus simples, humilde, próximo de todos, que se inclina para tomar as crianças nos braços e que se aproxima para acariciar a pele dos leprosos, agora aparece transfigurado diante deles, cheio de luz e glória divina. Com quem estão caminhando por aquelas aldeias da Galileia?

Nisso, veem Moisés e Elias conversando com Jesus. Segundo as Escrituras, os dois tiveram o privilégio de subir o Monte Sinai, também chamado de Horeb: o primeiro, para receber a Lei de Deus; o segundo, para vislumbrar algo de sua glória na suavidade da brisa. Talvez Moisés represente a Lei, e Elias represente os Profetas. Sua conversa com Jesus sugere que a Lei e os Profetas alcançam seu cumprimento e plenitude em Jesus.

3 Reação surpreendente de Pedro (v. 4)

Seduzido pelo que estão vivenciando, Pedro intervém espontaneamente: "Senhor, como é bom estarmos aqui!" Ele chama Jesus de *Senhor*, da mesma forma como as primeiras comunidades cristãs designavam o Ressuscitado. E depois expressa a sua alegria: é bom para os discípulos viver com Jesus experiências que nos confirmam no seguimento fiel de sua pessoa.

Mas Pedro não entende bem o que está vivenciando: ele quer construir três tendas: "uma para Jesus, uma para Moisés e outra para Elias". Seu primeiro erro é querer se estabelecer na experiência do monte, ele se esquece de tantas pessoas que precisam de Jesus, não deseja voltar à vida cotidiana, ele não quer descer para seguir Jesus no caminho que leva à cruz. Seu segundo erro é colocar Jesus no mesmo plano e no mesmo nível de Moisés e Elias: cada um em sua tenda. Jesus ainda não ocupa um lugar único e absoluto em seu coração. O Evangelho de Marcos simplesmente diz que Pedro "não sabia o que estava dizendo".

4 "Este é meu Filho amado. Escutai-o" (v. 5)

A voz de Deus o corrigirá, revelando a verdadeira identidade de Jesus aos discípulos. Pedro ainda estava falando quando uma "nuvem luminosa os cobriu com sua sombra". Assim é Deus: um mistério que nos é revelado e, ao mesmo tempo, escondido de nós. Uma Presença que infunde luz em nossas vidas sem que as sombras desapareçam. Um mistério que nos traz uma voz que orienta a nossa vida para Jesus.

As palavras do Pai são claras: "Este é meu Filho amado", aquele que tem o rosto transfigurado, "resplandecente como o Sol". Nunca devemos confundir seu rosto com o de Moisés ou Elias, que estão apagados. "Escutai-o". E mais ninguém. Ele é o Filho amado do Pai, a quem acolhemos como Mestre, Profeta e Senhor. Sua Palavra é a única que devemos ouvir. As demais só deverão nos levar até Jesus.

5 Reação dos discípulos e intervenção de Jesus (v. 6-7)

Os discípulos sentem que Deus está lá e se dirige a eles. Diante de seu mistério, eles sentem sua pequenez como nunca e "caem de bruços, apavorados". Sem dúvida, são invadidos pelo temor do sagrado, mas também pelo medo de viver ouvindo apenas Jesus. Eles poderão viver assim algum dia? A cena que o evangelista descreve é inusitada: os discípulos mais próximos de Jesus, caídos no chão, cheios de medo, sem coragem para aceitar a voz de Deus.

O relato descreve em detalhes como Jesus reage ao vê-los no chão. *Aproxima-se*, porque sabe que precisam dele. *Toca-os*, como tocava os enfermos e desamparados para lhes transmitir força e confiança. E, pela primeira vez em todo o relato, Jesus fala para dizer algumas palavras cheias de compreensão e carinho: "Levantai-vos. Não tenhais medo". Levantai-vos e segui-me sem medo. Não tenhais medo de Deus, meu Pai, e não tenhais medo de me seguir.

A conclusão deixa uma mensagem muito esclarecedora. Encorajados pela proximidade de Jesus, os três discípulos "levantam o olhar" e "não veem ninguém além de Jesus". Moisés e Elias desapareceram. A Lei, as instituições, as mensagens dos profetas já não têm outro propósito a não ser nos guiar para ver *só Jesus*. Ele é o Filho amado de Deus, aquele que leva à plenitude a revelação do amor de Deus a todos os seus filhos. Que dádiva maior pode haver para um discípulo do que um dia abrir os olhos do coração e ver *só Jesus* enchendo nossa vida com sua Presença interior e sua Palavra?

Todos os profetas, professores, teólogos e médicos estão com seu rosto apagado. Somente Jesus irradia luz. Só Ele tem a última Palavra. Jesus não é aquele que imaginamos com base em nossos esquemas, preconceitos ou clichês. Seu mistério nos transcende. Seu rosto adquire cada vez mais luz. Quase sem perceber, Jesus está transformando nossa vida. Em Jesus, estamos descobrindo a verdade última da vida. Alguém que sabe por que e pelo que viver. Alguém que nos leva à verdadeira liberdade. O Filho amado de Deus, que nos ensina as chaves para construir um mundo mais digno, mais humano e mais fraterno e uma Igreja mais fiel à sua missão evangelizadora. Ele deve sempre ocupar o centro do nosso coração.

Meditação

Lemos a experiência de três discípulos no topo de um alto monte, onde descobrem com mais luz a verdadeira identidade de Jesus e ouvem a voz de Deus, que os chama a ouvir apenas Jesus. Agora nos dispomos a meditar sobre a mensagem que nos chega de Jesus e de Deus, seu Pai.

1 Iniciativa de Jesus

Contemplo Jesus guiando e conduzindo seus discípulos para o topo de uma alta montanha sozinhos com Ele... (v. 1).

• Estou disposto a me deixar ser guiado e conduzido por Jesus para as experiências que Deus quer para mim?

2 Transfiguração de Jesus diante de seus discípulos

Contemplo interiormente por um tempo o rosto de Jesus enquanto Ele se comunica com Deus (v. 2-3).

• Estou aprendendo a ficar em profundo silêncio diante de Deus?

- Alguma vez fiquei comovido diante de Deus, chorei, sorri?

3 Reação surpreendente de Pedro

Medito sobre as palavras de Pedro: "Como é bom estarmos aqui!"

- Eu entendo o que Pedro pode estar vivenciando?
- Sei me expressar e agradecer a Deus quando o vivencio de maneira especial?

Eu me dou conta dos erros que está cometendo.

- O que eu acho mais sério?
- Alguma vez eu coloco Jesus no mesmo nível que outras pessoas?
- Eu me dou conta disso?

4 "Este é meu Filho amado. Escutai-o"

Deixo-me envolver pela *nuvem luminosa* e ouço por um longo tempo a voz de Deus, que me é dirigida.

- Para mim, o que seria ouvir apenas Jesus?
- Eu quero que a Palavra de Jesus seja o primeiro critério para mim ao tomar decisões, a primeira coisa na hora de orientar minha vida?

5 Reação dos discípulos e intervenção de Jesus

Observo os discípulos caídos no chão, cheios de medo.

- O que isso me sugere? O que me faz pensar? *Contemplo o* que Jesus faz com seus discípulos: Ele se aproxima, toca-os. *Escuto* as palavras que diz a eles: "Levantai-vos! Não tenhais medo!"

• Sei, por experiência própria, como Jesus é com seus discípulos?

• Eu preciso que Jesus me levante e tire de mim alguns medos?

• Eu desejo abrir os olhos do meu coração algum dia e ver apenas Jesus?

Oração

Meditamos sobre vários aspectos da experiência vivida por três discípulos no topo de uma montanha, sozinhos com Jesus.

– Jesus, vou te dizer o que sinto. Nunca pensei em ter uma experiência especial com Deus. O mais triste é que também não desejo algo assim. O que podes fazer por mim?

– Desperta em mim a vontade de ficar a sós contigo procurando a Deus... Isso é o bastante para mim... Tu me entendes e me amas como eu sou. Jesus, eu confio em ti.

– Jesus, para mim é fácil entender Pedro. Comigo acontece a mesma coisa. Estou muito à vontade contigo, mas, muitas vezes, é para não sofrer, é para esquecer meus problemas, não para te procurar em meus irmãos e minhas irmãs.

– Jesus, a voz de Deus chegou bem dentro de mim. Não sou capaz de ouvir apenas a ti. Eu escuto a mim mesmo, eu escuto o que me interessa, aqueles que me amam. Atrai-me a ti.

– Eu quero te agradecer do fundo do meu ser. Não sei como, mas Tu estás entrando na minha vida. Eu preciso te sentir perto de mim. Quero que toques meu coração, que me levante, que tire meus medos, que me liberte das minhas resistências.

Contemplação

Ouvimos a voz de Deus, que nos chama a ouvir apenas Jesus. Vamos nos preparar para ficar em silêncio contemplativo. Que Ele nos mostre o caminho a seguir. Algumas palavras tiradas dos Salmos.

- Ensina-me o caminho que devo seguir (Sl 142,8).
- Envia tua luz e tua verdade. Que elas me guiem (Sl 42,2).
- Ensina-me a fazer a tua vontade (Sl 118,34).

Compromisso

- Cumpro meu compromisso para a semana.
- Tomo uma decisão por um tempo determinado.
- Reviso o compromisso que assumi.

***

Quero ver-te, Senhor!
Quero fechar meus olhos
e olhar para dentro
para ver-te, Senhor.

Quero também abri-los
e contemplar tudo o que foi criado
para ver-te, Senhor.

Quero subir o monte
seguindo os teus passos,
para ver-te, Senhor.

Quero ficar aqui
e sair de mim
para ver-te, Senhor.

Quero silêncio e paz
e entrar no mistério
para ver-te, Senhor.

Quero ouvir essa voz
que rasga o céu hoje
e que me fala de ti, Senhor.

Quero viver este momento
com os olhos fixos em ti
para ver-te, Senhor.

Quero descer do monte
e fazer a tua vontade
para ver-te, Senhor.

Quero percorrer os caminhos
e parar ao lado de quem sofre
para ver-te, Senhor.

Quero ouvir e ver,
aproveitar este momento
e dizer quem Tu és para mim, Senhor.

Florentino Ulibarri

Canto: Já me entreguei toda

Já me entreguei toda e já me dei,
e sei que meu amado é para mim
e eu sou para meu amado. (bis)

Aos braços do amor
minha alma entrego

e assumo uma nova vida,
e sei que meu Amado é para mim
e eu sou para o meu Amado. (bis)

Feriu-me com uma flecha
e minha alma se tornou
uma com seu Criador.
Já não quero outro amor,
pois me entreguei ao meu Deus,
que meu Amado é para mim
e eu sou para o meu Amado. (bis)

STJ
CD Dichoso el corazón enamorado 10
casadeoracion@stjteresianas.org

Capítulo 4

Abrirmo-nos para o mistério de Deus no segredo do coração

Sinais do nosso tempo: presos pelo barulho

Em poucas décadas, o barulho tomou conta das ruas e das casas, dos ambientes e das consciências. É um barulho externo que gera estresse, tensão e nervosismo. Um barulho que faz parte da vida de hoje, cada vez mais afastada do sereno entorno da natureza.

Mas há outro barulho interior que muitos homens e muitas mulheres procuram hoje para não ouvir o próprio vazio. Vivem sem sequer se encontrar consigo mesmos. Esse barulho está dentro de muitas pessoas: na agitação e na confusão que reinam em seu interior, na pressa e na ansiedade que dominam sua vida diária.

Muitos se esqueceram há muito tempo do que é parar, deixar a pressa por alguns minutos, liberar a tensão, deixar o estresse de lado e descansar no silêncio e na paz interior. Longe de procurar esse silêncio curador, o que procuramos hoje é um barulho suave, um som agradável que nos permita viver sem ouvir o nosso interior.

O fenômeno da *explosão musical* é significativo na sociedade atual. Há música no trabalho e no restaurante; no carro, no trem e no avião; ao ler, passear ou praticar esportes; ao caminhar pelo campo ou subir uma montanha. É como se o homem e a mulher de hoje sentissem uma necessidade secreta de permanecer fora de si mesmos, com a consciência agradavelmente anestesiada.

Tudo isso tem suas consequências. O barulho dissolve a interioridade. Privada de silêncio, a pessoa vive, cada vez mais, de fora, na superfície de si mesma, sem contato com o mais íntimo de seu ser. Muitos preferem continuar assim, vivendo uma existência superficial, onde o importante é viver entretido, agir sem alma, continuar anestesiado por dentro.

Sem o silêncio interior não é possível saber em profundidade quem somos. Também não é possível perceber a presença silenciosa do mistério de Deus em nós. Entre nós, há muitos que ficaram *sem caminhos* para se encontrar com Deus. Não é necessário ser ateu. Não é necessário rejeitar Deus. Basta viver sem interioridade. Deus vai desvanecendo.

O barulho e a superficialidade vêm corroendo a fé de muitos cristãos há anos, cuja vida transcorre sem experiência interior. Cristãos que não foram ajudados a descobrir a presença amigável de Deus. Sem experiência interior, tudo é possível: pronunciar o credo sem acreditar em nada; orar sem se comunicar com Deus; ouvir o Evangelho sem ouvir Jesus; celebrar a liturgia sem celebrar nada... Hoje, tudo parece favorecer mais do que nunca o risco de viver esse cristianismo sem interioridade que Marcel Légaut chamava de "a epiderme da fé".

Com os cristãos de hoje pode acontecer inúmeras vezes o que Santo Agostinho de Hipona reconhece que aconteceu com ele durante muitos anos em sua relação com Deus: "Tarde te amei [...] Tu estavas dentro de mim, e eu estava fora". Deus está no mais profundo do nosso ser, mas nós caminhamos por fora de nós.

11

Orar ao Pai em segredo e sem muitas palavras (Mt 6,5-8)

Ao iniciar a sessão

Fechamos os olhos... relaxamos... respiramos com calma, silenciamos o nosso barulho interior. Vou ouvir Jesus, meu Mestre interior. Ele vai me ensinar algo que preciso aprender: como orar ao Pai no segredo do coração. Jesus, grava tuas palavras em mim.

Mt 6,5-8

[5]Quando orares, não sejais como os hipócritas, que gostam de orar nas sinagogas e nos cantos das praças, à vista dos homens; em verdade vos digo, eles já receberam sua recompensa. [6]Tu, por outro lado, quando orares, entra no teu quarto e, depois de fechar a porta, ora a teu Pai, que está ali, em segredo; e teu Pai, que vê em segredo, te recompensará. [7]E, ao orar, não fales muito, como os pagãos, que imaginam que, por sua verborragia, serão ouvidos. [8]Não sejas como eles, porque teu Pai sabe do que precisas antes que lhe peças.

No texto acima, ouvimos a voz do Pai, que nos convida a ouvir apenas Jesus, seu Filho amado. Agora vamos ouvir Jesus, que nos convida a *orar a seu Pai no segredo do nosso coração.*

Leitura

No chamado Sermão da Montanha, a tradição de Mateus reúne algumas orientações práticas que Jesus nos oferece para nos abrirmos à experiência pessoal de Deus como Ele o faz. Podemos lê-las e meditar sobre elas separadamente. A primeira nos convida a nos abrirmos ao mistério do Pai *no segredo* do nosso coração. A segunda sugere que o façamos sem nos perdermos em muitas palavras. Essas orientações são propostas como um estilo de oração próprio de seus seguidores: a primeira, em contraste com alguns costumes de rezar de forma hipócrita em certos setores judaicos de seu tempo, e a segunda, em contraste com um estilo de oração muito difundido entre o povo do Império Romano.

1 Ora a teu Pai, que está em segredo (v. 5-6)

Jesus começa criticando dois costumes exibicionistas e falsos de alguns que oram para que as pessoas os vejam.

"Quando orares, não sejas como os hipócritas"
Jesus provavelmente fala das orações prescritas, que os judeus faziam dirigindo o olhar ao templo de Jerusalém. Primeiro, Ele critica aqueles que "gostam de orar nas sinagogas". Esse lugar, onde os judeus se reúnem para

orar e ouvir a Palavra de Deus, não deve se tornar um espaço de exibição onde alguns se levantam para orar em voz alta e mostrar que sabem fazê-lo melhor do que outros. Essa maneira de mostrar sua piedade é hipócrita. Não é uma oração sincera, mas narcisismo.

Jesus também critica aqueles que gostam de "orar nos cantos das praças, bem plantados para serem vistos pelos outros". Os momentos prescritos para as orações da manhã, do meio-dia e do entardecer não eram determinados com exatidão. É por isso que chamavam a atenção aqueles que oravam fora de casa, no meio da rua, para serem vistos. Na realidade, orar para ser visto pelos outros não é oração. Essas pessoas não estão se comunicando com Deus. Estão procurando o apreço dos outros. Nelas está presente o que o Profeta Isaías disse em seu tempo: "Oram com os lábios, mas seu coração está longe de Deus" (Is 29,13).

Aqueles que parecem orar a Deus distorcem a natureza da oração. Em vez de se abrirem a Deus, procuram ganhar a atenção e o apreço dos homens. E Jesus conclui com uma sutil ironia que revela o absurdo de sua atuação: "Eles já receberam sua recompensa". Eles recebem o fruto que buscavam e esperavam: ser vistos pelos outros.

"Tu, por outro lado, quando orares, entra..."

A partir de sua própria experiência de orar ao Pai, Jesus propõe um estilo de oração. "Tu, quando orares, vai para teu quarto". O termo que Ele usa é um lugar muito particular que havia em algumas casas, sem saída para a rua, distante dos olhares e aonde o barulho de fora não chegava. A ideia de Jesus é clara: quando orares, busca a solidão e afasta-te do barulho externo.

Mas Jesus continua: "Depois fecha a porta"; quer dizer, não deixe entrar nada de fora que o distraia ou disperse a sua atenção. "E então ora a teu Pai, que está lá, em segredo, e teu Pai, que vê em segredo, vai te recompensar." Você não precisa que os outros vejam você. O encontro com o Pai acontece no nível da verdade mais profunda, no segredo do coração.

A tradição cristã interpretou as palavras de Jesus dessa maneira. Nos escritos bíblicos, o *coração* é um símbolo do centro mais íntimo do ser humano. É no coração que acontece o encontro de Deus com cada um de seus filhos e filhas. É no *coração* que acolhemos verdadeiramente a Deus e os nossos irmãos. Segundo o Profeta Ezequiel, é Deus quem pode transformar nosso coração: "E vos darei um coração novo e porei dentro de vós um espírito novo. E tirarei da vossa carne o coração de pedra e vos darei um coração de carne" (Ez 36,26).

Portanto, orar é dialogar com o Pai. Mas o Pai que vê em segredo nós o encontraremos em segredo, nas profundezas da nossa interioridade. No segredo do nosso coração está a verdade de quem somos. É por isso que devemos ter a vontade de nos apresentar diante do Pai como Ele nos vê no nosso interior.

Esta é a primeira exigência da verdadeira oração cristã. Abrirmo-nos a Deus com a verdade que há dentro de nós, sem aparências, sem ambiguidades, sem justificativas. Para isso, devemos silenciar os barulhos, os apegos e os egoísmos dentro de nós que podem nos afastar da transparência interior diante de Deus. Muitas vezes, estaremos sozinhos em tentativas desastradas e medíocres. Mas, com seu amor insondável, o Pai pode iluminar aquilo que está escuro no segredo do nosso coração.

2 Ao orar, não faleis muito, como os pagãos (v. 7-8)

Jesus nasceu em um povoado que sabia orar. Mas esse não é o caso dos povos pagãos do Império. Eles não sabiam a qual deus se dirigir, de tal forma que erguiam altares para todos, até mesmo para os *deuses desconhecidos*. Tentavam usar as diferentes divindades pronunciando nomes mágicos. Tentavam *cansar* os deuses (*fatigare deos*) com suas orações até arrancar-lhes seus favores; se não conseguiam, chegavam a ameaçá-los e desprezá-los. Jesus convida seus seguidores a não paganizar sua oração.

"Não oreis como os pagãos"

A partir da sua própria experiência de Deus, Jesus diz aos seus: "Quando orares, não faleis muito, como os pagãos, que imaginam que, por sua verborragia, serão ouvidos". Não imagineis que vosso Pai é como um ser humano que deve ser convencido com palavras, promessas ou gestos. Não é necessário *cansá-lo*, como os pagãos faziam com seus deuses, para ver seus desejos realizados. Entre os pagãos, a transcendência do mistério insondável de Deus é ignorada, e a confiança é depositada nos esforços de quem ora. O resultado é uma oração cuja eficácia dependeria da pessoa que ora. À medida que avancemos na leitura orante do Evangelho, vamos descobrindo que, no fundo da oração de Jesus, há algo que pode ser importante nos nossos dias: mais do que falar com o Pai, devemos deixar que Ele fale conosco; mais do que nos perdermos em palavras, temos que ouvi-lo no mais profundo do nosso ser.

"Vosso Pai já sabe o que precisais antes de pedirdes a Ele"
Com essas palavras, Jesus não pretende criticar a oração de súplica ou o uso de palavras próprias da oração vocal. O Pai-nosso, oração por excelência que Jesus nos deixou como herança, é uma oração vocal e, em grande medida, uma oração de súplica. É por isso que devemos esclarecer as palavras de Jesus.

Como diz São Jerônimo: "Não é a mesma coisa dar a conhecer as nossas necessidades a quem não as conhece do que suplicar a quem já as conhece. Nós não oramos a Deus para informá-lo de nossas necessidades. Nós oramos para nos tornarmos mais conscientes de tudo o que necessitamos do Pai e para nos tornarmos mais capazes de aceitar o que Ele nos oferece. Nossa oração ao Pai poderia ser algo tão simples quanto isto: "Tu sabes melhor do que eu o que eu preciso, concede-me o que Tu queres. Será o melhor para mim". Por outro lado, não devemos confundir uma oração cheia de verborragia com uma oração perseverante. Santo Agostinho já dizia que "orar com perseverança não é o mesmo que orar com palavras vãs", e afirmava: "Orar por um longo tempo é chamar com o coração perseverante e cheio de afeto Aquele que está nos escutando". De fato, ao longo da leitura orante do Evangelho, pode nos fazer muito bem perseverar na nossa súplica a Deus, pedindo nossa conversão a Jesus e a seu Evangelho.

Meditação

Lemos algumas palavras de Jesus de grande importância para aprender a viver abertos à experiência de Deus, nosso Pai. Agora nos dispomos a recebê-las e meditar sobre elas no segredo do nosso coração. Cada um pode parar naquelas palavras que mais precisa gravar em seu interior.

1 "Quando orares, vai para o teu quarto e fecha a porta"

Escuto essas palavras que Jesus dirige a mim durante algum tempo.

- Como geralmente me preparo para me encontrar com Deus?
- Sei como me distanciar da agitação da minha vida diária? O que mais posso fazer?

2 "Ora a teu Pai, que está em segredo"

Ouço atentamente o que Jesus me diz.

- Coloco em prática dedicando tempo para orar ao Pai no segredo do meu coração.
- Eu me abri para o Pai com sinceridade?

3 "Teu Pai, que vê no segredo, vai te recompensar"

Escuto Jesus, que fala comigo do meu interior.

- Sou consciente de que é um presente de Deus poder me abrir a Ele com total sinceridade e confiança?

4 "Ao orar, não faleis muito, como os pagãos"

Escuto Jesus, Mestre interior.

• O que eu faço quando oro? Só falo com Ele sobre minhas coisas ou me calo para deixá-lo falar comigo?

5 "Vosso Pai já sabe o que precisais antes que peçais"

Escuto essas palavras e as deixo entrar no meu coração.

• Sou consciente de que Deus conhece minhas necessidades em todos os momentos?

Oração

Quase sem perceber, já estamos reagindo às palavras de Jesus e dialogando com Ele.

– Quero te agradecer, Jesus, porque estás abrindo novos caminhos para mim. Eu precisava ouvir essas palavras.

– Depois de ouvir tuas palavras, não quero voltar à minha oração de rotina. Preciso da tua ajuda, Jesus, para.

– Eu confio em ti, Jesus. Sinto que minha vida pode mudar, porque.

– Quero viver com total sinceridade diante do Pai. Como Tu me vês, Jesus?

– Jesus, ensina-me a ficar em silêncio, com poucas palavras, ouvindo o Pai, como Tu fizeste.

– É muito animador saber que o Pai conhece todas as minhas necessidades. Obrigado, Jesus, por me lembrar.

Contemplação

Jesus nos convida a orar ao Pai, que está *no segredo do nosso coração*. Fazemos isso silenciando todos os barulhos internos e acolhendo o amor insondável do Pai com gratidão. Para preparar nosso coração antes de entrar no silêncio contemplativo, sugiro alguns trechos tirados dos Salmos.

• "Ó, meu Deus, criai em mim um coração puro (Sl 50,12).

Meu coração se alegra e canta para ti com gratidão (Sl 27,7).

Eu te louvarei com um coração sincero (Sl 118,7).

Compromisso

• Eu me comprometo a semana toda.

• Tomo uma decisão por um tempo determinado.

• Reviso o compromisso que assumi.

Sugestão. Assumir o compromisso de cuidar melhor do início da leitura orante do Evangelho com criatividade própria.

***

Eu necessito de ti, Senhor!
Eu te necessito, Senhor!
Porque sem ti minha vida seca.
Quero encontrar-me contigo na oração,
na tua presença inconfundível,
nos momentos nos quais o silêncio
me leva a ti.

Preciso sentir-te em mim!,
no reencontro com o teu perdão,

na escuta da tua Palavra,
no mistério da tua entrega diária.
Preciso te sentir dentro de mim!
Quero te encontrar na pobreza do meu
ser,
nas capacidades que Tu me deste,
nos desejos e sentimentos que fluem em
mim,
no meu trabalho e no meu descanso
e, um dia, na fraqueza da minha vida,
quando me aproxime das portas do encontro,
cara a cara, contigo.

Anônimo

Canto: Olhando para Ele, amando-o

*Não te peço mais nada. Não te peço mais
nada,
só que esteja aqui olhando para Ele, olhando para Ele.
Não te peço mais nada. Não te peço mais
nada,
só que esteja aqui olhando para Ele, olhando para Ele.*

Fecha teus olhos e olha para dentro de ti.
Fecha teus olhos e olha para dentro de ti.
Fecha teus olhos e olha para dentro de ti,
fecha teus olhos.
Ele está em ti, Ele está em ti, amando-te.

Fecha teus olhos e escuta-o.
Fecha teus olhos e escuta-o,
Ele quer falar contigo.
Fecha teus olhos e escuta-o.
Ele está em ti, amando-te.

Fecha teus olhos e o verás.
Fecha teus olhos e o verás em ti.

Fecha teus olhos.
Ele vai falar contigo.
Fecha teus olhos e escutarás sua voz em ti,
amando-te.

STJ
CD Acostumbrarme a ti
casadeoracion@stjteresianas.org

12

Jesus se retirava para orar em lugares afastados (Mt 1,35-39

Ao iniciar a sessão

Sentamos relaxados, fechamos os olhos... respiramos com calma, sem forçar nada. Permanecemos em silêncio. Vou ouvir Jesus, meu Mestre interior. Ele pode me ensinar a me encontrar com o Pai, como Ele fazia.

Mc 1,35-39

[35]De madrugada, quando ainda estava muito escuro, Jesus se levantou, saiu, foi a um lugar solitário e ali começou a orar. [36]Simão e os que estavam com Ele foram procurá-lo, e [37]quando o encontraram, disseram-lhe: – Todos te procuram. [38]Ele lhes disse: – Vamos para outro lugar, para os vilarejos vizinhos, para pregar lá também, pois para isso eu saí. [39]E percorreram toda a Galileia, pregando nas sinagogas e expulsando demônios.

No texto acima, ouvimos o convite de Jesus para entrarmos no nosso quarto para *orar ao Pai no segredo do coração*. Aparentemente, para Jesus, não era fácil fazer isso, pois vivia cercado de pessoas. Agora vamos ver que frequentemente *Ele se retirava a lugares solitários para orar* ao Pai no segredo do seu coração.

Leitura

Segundo o relato de Marcos, Jesus mora em Cafarnaum, na casa de Simão e André, dois irmãos pescadores. Lá Ele começará seu primeiro dia de atividade profética em uma jornada exaustiva e surpreendente. De manhã, Ele ensina na sinagoga, onde, pela primeira vez, cura um possuído pelo demônio. As pessoas ficam surpresas: Jesus ensina *uma nova doutrina*, e com *autoridade*, não como os escribas. Por volta do meio-dia, Ele sai da sinagoga e vai para a casa dos dois irmãos. Também é acompanhado por Tiago e João. Eles são os primeiros quatro discípulos de Jesus. Já em casa, eles encontram a sogra de Simão na cama, e Jesus a cura.

A notícia do que acontecera corre por Cafarnaum e, ao entardecer, toda a população se aglomera na porta da casa, trazendo todo tipo de enfermos, aos quais Jesus vai curando pacientemente, como fará sempre, acolhendo cada um deles com atenção. A população de Cafarnaum está entusiasmada. O sucesso de Jesus é total. Esse contexto nos ajudará a entender melhor o que acontecerá no dia seguinte.

Podemos organizar este breve relato em cinco partes: 1) de madrugada, Jesus sai para um lugar solitário para orar; 2) os discípulos saem para procurá-lo e dizem a Ele: "Todos te procuram"; 3) Jesus responde: "Vamos para outro lugar, para os vilarejos vizinhos".

1 De madrugada, Jesus saiu para um lugar solitário para orar (v. 35)

Embora, provavelmente, sua experiência de estar sozinho com Deus seja anterior, esta é a primeira vez que Jesus aparece no Evangelho em oração em um lugar solitário. Mais adiante, veremos que era um costume de Jesus: Ele precisava se encontrar com Deus na solidão de um lugar isolado para não ser escravo de sua intensa atividade entre as pessoas.

Poderíamos pensar que, depois de seu árduo dia anterior, até o pôr do sol, Jesus gostaria de descansar mais do que de costume. No entanto, Marcos descreve em detalhes que, no dia seguinte, Jesus, "de madrugada, quando ainda estava muito escuro, Ele se levantou, saiu e foi para um lugar solitário". Essa saída furtiva de Jesus no meio da noite, sozinho, sem acordar seus discípulos, parece uma espécie de fuga.

No dia anterior, Ele vivera intensamente no meio do povo. Agora, Ele procura um lugar solitário, desabitado e afastado de Cafarnaum. Ele deseja orar sozinho com o Pai. Pela primeira vez, ele conheceu o sucesso e a popularidade. Como deveria reagir? Aparentemente, Ele precisa se encontrar com o Pai "no segredo de seu coração". Ele quer ver com clareza como deve orientar sua vida para anunciar a boa-nova de Deus e abrir caminhos para seu projeto do reino.

2 Os discípulos saem para procurá-lo e dizem a Ele: "Todos te procuram" (v. 36-37)

É Simão quem toma a iniciativa e carrega os outros, tornando-se o líder dos quatro discípulos. Segundo o relato, Simão e seus companheiros "foram procurá-lo". Na verdade, o termo significa que "foram atrás dele". Sem dúvida, eles ficaram alarmados ao perceber sua ausência. Aonde Jesus pode ter ido deixando-os sozinhos? Quando o encontram, Simão, sem preâmbulos, sem qualquer tratamento como *Mestre* ou *Senhor*, dirige-se a Jesus quase de forma reprovadora: "Todos te procuram".

Eles se sentiram obrigados a procurá-lo para levá-lo de volta. Em Cafarnaum, querem tirar vantagem de sua popularidade. Cafarnaum poderia se tornar um centro de cura na casa de Simão, aonde doentes de todos os lugares poderiam ir. Os primeiros quatro discípulos ainda desconhecem a missão para a qual Jesus se sente chamado e para a qual eles deverão colaborar. Jesus sente novamente a tentação do sucesso e da popularidade.

3 "Vamos para outro lugar, para os vilarejos vizinhos" (v. 38-39)

Mas agora Jesus, depois de orar e se encontrar com seu Pai no segredo de seu coração, vai responder a Simão com firmeza. Ele ouviu sua vontade em silêncio, e ninguém o afastará de sua missão. Não será tentado pelo sucesso imediato. Não se deixará manipular por seus discípulos nem servirá aos interesses deles. O confronto não poderia ser mais forte. Simão falou com toda a clareza:

volta para Cafarnaum, porque lá "todos estão te procurando". Jesus responde: "Vamos para outro lugar, para os vilarejos vizinhos, para pregar lá também".

Jesus rejeita a proposta de Simão. Ele não retornará ao cenário de seu sucesso e sua popularidade. Sua missão não se limitará a Cafarnaum. A boa-nova de Deus deve ser proclamada também nas pequenas aldeias vizinhas, não apenas na capital. O Reino de Deus não pode ser propriedade de ninguém. Jesus adiciona uma palavra--chave: "Por isso, eu parti". O significado imediato é simples: por causa disto, eu deixei Cafarnaum de madrugada, para pregar também nas pequenas aldeias vizinhas. Mas parece que Marcos sugere algo mais profundo: para isto, eu vim de Deus, para anunciar a sua boa-nova muito além de Cafarnaum.

Podemos dizer que a missão de Jesus não partiu do sucesso obtido um dia em Cafarnaum, mas da oração que rezou à noite em um lugar solitário, ouvindo, no segredo de seu coração, a missão que seu Pai lhe confiara. Se nós, seguidores de Jesus, orarmos no segredo do nosso coração, como Ele fazia, essa oração nunca nos isolará da vida ou nos enclausurará no nosso falso ego; pelo contrário, ela nos abrirá para os outros e nos encorajará a nos comprometermos a anunciar a boa-nova do Pai e abrir caminhos para o seu projeto humanizador do reino.

O costume de orar em lugares isolados

Não há dúvida de que Jesus tinha o costume de se retirar para lugares isolados para orar sozinho ao Pai. Longe da multidão, que constantemente o rodeia, e também longe dos discípulos. Às vezes, sai bem cedo pela manhã; outras vezes, passa parte da noite – e, segundo Lucas, até a noite inteira – orando ao Pai. Acima de tudo, Ele se afastava em momentos de crise e antes de tomar decisões importantes. Podemos dizer que Jesus sentia uma profunda necessidade de silêncio e solidão para descansar, para se encontrar com o Pai e, assim, poder viver sua intensa atividade profética.

Podemos dizer algo com esta oração? Certamente, não era a oração prescrita para ser recitada pelos homens ao amanhecer, ao meio-dia e ao entardecer. É uma oração espontânea e natural. Não parece que tem o hábito de recitar salmos. Ele se encontra com o Pai "no segredo do seu coração". Ele se dirige ao Pai chamando-o de *Abba,* como veremos mais adiante. Sua oração ao Pai brota das profundezas de seu ser. Não é algo convencional, e sim uma expressão sincera do que sente em seu coração. Quando, um dia, Ele se retira pela última vez para um lugar isolado em Getsêmani, pouco antes de ser preso, apenas fará uma oração comovente ao Pai, como se fosse um mantra para ficar em silêncio diante dele, cheio de angústia, porque as forças de segurança do Templo irão atrás dele para prendê-lo, mas Ele está decidido a ser dócil com o Pai até o fim.

No fundo de toda a atividade de Jesus, que sustenta até o final, há uma profunda vida interior centrada no seu encontro com o Pai. É essa vida interior que explica por que Ele age com tanta confiança e certeza inabalável para falar diretamente em nome de Deus. Os seguidores de Jesus não poderão viver sua espiritualidade com certa verdade se não reservarem um espaço em sua vida para estar em silêncio e solidão com o Pai. Nós precisamos de momentos de silêncio interior para nos libertarmos da pressa e da agitação, para nos desconectarmos dos barulhos, das imagens e das reclamações da sociedade atual. Sem adotar um hábito semelhante ao de Jesus, é difícil viver uma autêntica transformação espiritual nos dias de hoje.

Meditação

Conhecemos o costume que Jesus tinha de se retirar a um lugar solitário para orar e se encontrar com o Pai no segredo do seu coração. Agora vamos meditar sobre a importância desse costume para alimentar o espírito, para não sermos vítimas da atividade, para iluminar nossas decisões, para viver de verdade...

1 Após um dia de sucesso e intensa atividade, Jesus vai para um lugar solitário para orar

Leio devagar o v. 35, colocando minha atenção em cada palavra do narrador.

- A atuação de Jesus me surpreende? Eu entendo a reação dele diante do sucesso?
- Eu posso intuir por que Ele vai para um lugar solitário para orar?
- O que é que mais me atrai de Jesus?

2 O duro diálogo entre Simão e Jesus

Leio a proposta de Simão: voltar a Cafarnaum, porque lá "todos te procuram" (v. 36-37)

• Escuto a resposta de Jesus vagarosamente: "Vamos para outro lugar, para os vilarejos vizinhos, para pregar lá também, pois foi para isso que eu saí" (*v.* 38).

• O que é que me toca mais profundamente? Sua liberdade, sua fidelidade à missão do Pai, seu desprendimento do próprio ego, sua abertura aos outros, seu compromisso com o projeto do Reino de Deus?

3 O costume de Jesus de orar em lugares isolados

• Quando sinto necessidade de silêncio e solidão?

• Para quê?

• Eu me sinto atraído por introduzir na minha vida algo parecido com o costume de Jesus?

Oração

Meditamos sobre o costume que Jesus tinha de se retirar a lugares afastados para orar ao Pai no segredo do seu coração. Agora nos dispomos a dialogar com Ele. O que brota do nosso coração?

– Jesus, eu confesso que não te conhecia. Como me faz bem descobrir o teu estilo de vida! Senhor, quero te conhecer cada vez melhor.

– Eu me sinto atraído pelo teu relacionamento com o Pai. Tu sabes o quanto estou longe disso tudo. Como a minha fé é pequena! Ajuda-me.

– Tu és tão grande, Jesus! Eu te amo cada vez mais.

– Ensina-me a orar como Tu, Jesus. Quero aprender a ficar sozinho e em silêncio com o Pai.

– Jesus, não quero que a oração me enclausure em meus problemas e interesses. Faze com que eu abra meu coração para os outros.

– Obrigado por tudo, Jesus.

Contemplação

Jesus ora ao Pai em silêncio e solidão. Nós também vamos estar assim com o Pai, concentrados no silêncio interior de nossos corações. Algumas sugestões para quem quiser se dispor internamente antes de entrar em silêncio contemplativo:

- Minha alma te busca, meu Deus (Sl 41,2).
- Não escondas teu rosto de mim (Sl 26,9).
- A minha alma tem sede de ti (Sl 62,2).

Compromisso

- Eu me comprometo a semana toda.
- Tomo uma decisão por um tempo determinado.
- Reviso o compromisso que assumi.

Sugestão: Refletir sobre a possibilidade de introduzir em minha vida o hábito de me retirar de vez em quando a um lugar adequado para orar.

***

Orar no silêncio do coração
Deus, que amas cada ser humano,
queremos viver
em comunhão contigo
no silêncio e no amor.

Deus da consolação,
mesmo que não sentíssemos
a tua presença,
Tu estás aí.
Tua presença é invisível,
mas teu Espírito Santo
está sempre conosco.

Deus de amor,
pelo Espírito Santo,
Tu estás sempre presente.
Tua presença é invisível,
mas Tu vives no centro da nossa alma,
até mesmo quando não estamos cientes
disso.

Irmão Roger de Taizé

Canto: Vinde comigo
Vinde, vinde comigo para um lugar tran-
quilo
e descansais em mim vosso cansaço.
Deixai que eu cure vossas feridas,
que o trabalho pelo Reino vos deixou.
Com meu pão, reponde vossas forças,
com meu vinho, alegrai vosso coração.
E agora vinde...

Ain Karem
CD Busca mi rostro 14
ainkaremccv@yahoo.es

Vocabulário pedagógico

Espiritualidade de Jesus

Por *espiritualidade de Jesus* entendo o estilo de vida de Jesus, que se alimenta da experiência interior de Deus, reconhece-se pelas suas escolhas e pela sua prática e leva aqueles que o seguem a ter uma vida mais digna e fraterna, mais aberta à esperança.

Em qualquer espiritualidade é importante saber a que vinculamos o mistério de Deus, seja de forma explícita e consciente, seja de forma sutil ou quase inconsciente. Eu falo da espiritualidade revolucionária de Jesus, porque Ele insiste em viver Deus como Pai e o vincula ao projeto de fazer um mundo sempre mais humano.

As principais características dessa espiritualidade que vou destacar, para vivê-la na sociedade pós-moderna de hoje, são:

- espiritualidade vivida como relação pessoal e íntima com Deus;
- marcada pela confiança total em um Deus Pai-Mãe;
- centrada na misericórdia como princípio de atuação;
- comprometida em abrir caminhos para o projeto humanizador do Pai (Reino de Deus);

- identificados com os últimos e mais necessitados;
- que promova a dignidade da mulher em um mundo sem discriminação masculina;
- com força para curar o ser humano de nossos dias;
- espiritualidade plenamente nutrida pelo seguimento de Jesus;
- disposta a compartilhar a crucificação com Jesus, que culminará com sua ressurreição: "Onde eu estiver, tu também estarás" (Jo 14,3).

Jesus, Mestre interior

Há um fato que deve preocupar a todos nós, cristãos: o descrédito, ou a falta de credibilidade, do magistério da Igreja. De forma massiva, os cristãos, até mesmo os praticantes, conduzem sua vida ignorando o magistério eclesiástico. No futuro, pouco adiantará insistir em sua importância se nós, cristãos – hierarquia e fiéis –, continuarmos a viver sem ouvir a voz interior de Jesus ressuscitado, *Mestre interior*, que, com a força de seu Espírito, encoraja, chama, interpela e orienta aqueles que o seguem.

Quero contribuir para que, nestes tempos difíceis, possamos recuperar, nas nossas comunidades cristãs, a importância de Jesus como Mestre interior que Agostinho de Hipona tanto reivindicou a partir da experiência dos primeiros fiéis: "Temos apenas um Mestre, e sob Ele todos somos codiscípulos. Não nos tornamos mestres pelo simples fato de falar com vós do púlpito. O verdadeiro Mestre fala de dentro".

Leitura orante do Evangelho

A proposta que eu faço para contribuir para a renovação interior do cristianismo de hoje e para recuperar a espiritualidade de Jesus é praticar a leitura orante do Evangelho. Essa proposta se inspira na tradição conhecida como *lectio divina,* mas atualizada para os nossos tempos e pedagogicamente orientada para os dois objetivos indicados.

A leitura orante do Evangelho é um método de leitura lenta de vários textos do Evangelho de forma ordenada e pedagógica. Na minha obra, acompanho quem não conhece o método com várias ajudas, orientações e sugestões.

Essa leitura é feita em vários momentos.

• No primeiro momento, o objetivo é *entender bem o texto* para captar o que o evangelista quer nos dizer.

• No segundo momento, *meditamos* sobre o texto lentamente, ouvindo a mensagem que nos chega de Jesus, Mestre interior.

• No terceiro momento, respondemos a Jesus *dialogando com Ele e orando*, para agradecer e pedir luz a Ele...

• No quarto momento, colocamo-nos em *atitude contemplativa* em silêncio interior, repousando no amor insondável de Deus.

• A leitura termina com nosso *compromisso* de transformar o Evangelho em vida.

Mistério insondável de Deus

Só podemos falar da nossa experiência de Deus usando alguma linguagem humana. Essa linguagem está quase sempre ligada a uma determinada cultura ou tradição religiosa. Mas nunca devemos esquecer que essa linguagem sobre Deus é sempre metafórica, simbólica, figurativa. Isto é, não estamos explicando ou descrevendo como Deus é em si mesmo, porque Deus sempre será um mistério para nós. Para lembrar isso, foi dito que Deus é transcendente, inominável... Eu falo de um Deus que é Mistério insondável.

Quando um salmista diz: "Meu Deus, Tu és a minha rocha da salvação", já sabe que Deus não é uma *rocha*, mas essa linguagem o ajuda a procurar a salvação nele. Quando eu chamo Deus de *Pai*, já sei que Deus não é um pai como os que conheço, mas me ajuda a nutrir minha confiança nele.

R. Panikkar, grande conhecedor de religiões, diz o seguinte: "Existem tantos caminhos psicológicos para a experiência de Deus quanto pessoas; tantos caminhos tradicionais quanto religiões; tantos caminhos pessoais quanto religiosidades. Deus não é de um nem de outro; nem dos bons nem dos maus. Ele transcende nossa palavra, nosso pensamento, nossa imaginação".

Projeto humanizador do Pai

O projeto humanizador do Pai, que Jesus chamava de *Reino de Deus*, segundo a linguagem de Israel, é a chave da espiritualidade de Jesus e constitui a paixão da sua vida. Nesse projeto, Jesus se compromete a tornar a vida mais digna e mais humana de maneira fácil, identificando-se, acima de tudo, com a causa dos pobres, dos excluídos, dos mais esquecidos, daqueles que vivem sem uma estrutura social protetora.

Esse projeto humanizador não é propriamente uma religião. Vai além de crenças, preceitos e ritos de quaisquer religiões. É uma experiência que coloca tudo de uma maneira nova, porque nos faz viver dando passos em direção a uma vida cada vez mais humana, como o Pai quer construí-la. Para Jesus, viver abrindo caminhos para o Reino de Deus na terra é o caminho para entrar no Reino definitivo do Pai.

Na minha obra, cuidarei de alguns aspectos relevantes para tornar mais humana a sociedade pós-moderna dos nossos dias: procurar a justiça e a dignidade para cada ser humano, a começar pelos últimos; acolher a todos, sem excluir ninguém em razão de raça, sexo, religião, nacionalidade...; conviver onde se promova a dignidade e a igualdade das mulheres: uma religião cristã comprometida com a humanização da vida das pessoas mais esquecidas e marginalizadas da sociedade.

Reino de Deus

Jesus chama o projeto humanizador do Pai de *Reino de Deus*, já que essa era a linguagem usada na tradição de Israel. Toda a mensagem e a atuação profética de Jesus podem ser resumidas nestas palavras: "O tempo está cumprido. O Reino de Deus está próximo. Convertei-vos e crede nestas boas-novas" (Mc 1,15).

"O tempo se cumpriu": começa um novo tempo. "O Reino de Deus está próximo." Deus não quer nos deixar sozinhos com nossos problemas e conflitos, quer construir conosco um mundo mais saudável, justo e feliz para todos, começando pelos mais esquecidos. "Convertei--vos": mudai vossa maneira de pensar e de agir. "Crede nestas boas-novas": confiai e vivei acreditando nestas boas-novas que Jesus é e traz.

Este é o chamado de Jesus. "Buscai o Reino de Deus e sua justiça" (Mt 6,33). Onde reina Deus, reinam a justiça, a igualdade, a fraternidade, a misericórdia, a solidariedade com os mais esquecidos, a paz... Por outro lado, para entrar na dinâmica do Reino de Deus, é preciso se libertar do reino do dinheiro, do poder absoluto, da violência, do bem-estar à custa dos mais vulneráveis na terra.

Renovação interior

Nas últimas décadas, algumas palavras do teólogo alemão Karl Rahner têm sido repetidas: "O cristão do futuro será um 'místico'; isto é, uma pessoa que 'experimentou algo', ou não será um cristão". As previsões de Rahner estão se concretizando. Hoje, muitos cristãos pensam que a fé consiste simplesmente em acreditar *em coisas difíceis de entender*, mas que temos que aceitá-las para sermos cristãos e sermos salvos.

Essa forma de entender e viver a fé está arruinando a vida cristã de muitos, esvaziando-a de toda a experiência interior de Deus. Essas pessoas não acreditam propriamente em Deus, mas naqueles que lhes falaram de Deus: pais, catequistas, pregadores. Essa é a fé que está se perdendo em nossos dias. O relacionamento interior com Deus está se atrofiando. Aos poucos, Deus tem se tornado uma palavra sem conteúdo, uma abstração, talvez uma má lembrança.

A minha proposta de leitura orante do Evangelho tem o objetivo de despertar a experiência interior de Deus nos cristãos de hoje. Todos podem conhecer, viver e desfrutar de maneira simples, mas real, a experiência de um Deus Pai em quem podemos confiar. Só por meio dessa experiência poderemos despertar em nós a atração por Deus como origem da qual provém o nosso ser, verdade para a qual apontam os nossos questionamentos mais radicais e meta para a qual se dirige o nosso mais profundo anseio de vida plena.

Silêncio interior

Deus não chegará a mim de fora, porque Ele já está dentro de mim; tenho que encontrá-lo nas profundezas do meu ser. O Jesus ressuscitado não vai falar comigo de fora; tenho que ouvi-lo no meu silêncio interior. Se eu não descobrir pessoalmente o silêncio interior, nunca descobrirei o que há no mais íntimo do meu ser.

O que podemos fazer? Se fecharmos os olhos e ouvirmos o nosso interior, toparemos com todo tipo de pensamentos, preocupações, lembranças, medos... Se não formos mais fundo, pensaremos que isso é o que chamamos de *nossa vida*. Mas não é assim. A mente não é tudo. Existe um espaço interior ainda mais profundo em nós que não está ao alcance da nossa atividade mental. É precisamente ali que é possível encontrar a presença de Deus. É ali onde podemos ouvir Jesus como um Mestre interior.

Nas primeiras vezes em que decidirmos ficar em silêncio em nosso interior, não sentiremos nada de especial. Será difícil silenciar esse barulho interior que nos acompanha. Se perseverarmos, começaremos a perceber uma *presença*. Sentiremos que não estamos sozinhos. Experimentaremos uma grande paz. Talvez comecemos a ouvir perguntas: o que estou fazendo com a minha vida? Apenas o silêncio nos responde. Mas, a qualquer momento, pode ser despertada minha fé, atraída pelo Mistério, que há no meu interior. Deus está em mim!

Índice litúrgico

Seções deste livro	Ano litúrgico
1 O que buscais? (Jo 1,35-39)	2º Domingo do Tempo Comum – Ano B
2 Pede, busca, chama (Lc 11,9-13)	17º Domingo do Tempo Comum – Ano C
3 Recebei o Espírito Santo (Jo 20,19-22)	Domingo de Pentecostes – Anos A, B e C
4 Ânimo! Sou eu. Não temais (Mt 14,24-33)	19º Domingo do Tempo Comum – Ano A
5 Vinde a mim todos os que estão cansados e sobrecarregados (Mt 11,25-30)	14º Domingo do Tempo Comum – Ano A
6 Buscar Jesus como Mestre em nosso interior (Jo 20,11-18)	Terça-feira na oitava da Páscoa – Anos A, B e C
7 Abrimo-nos a Deus para ouvir a sua boa-nova (Mc 7,31-37)	23º Domingo do Tempo Comum – Ano B
8 Sentarmo-nos para ouvir a palavra de Jesus como discípulos (Lc 10,38-42)	16º Domingo do Tempo Comum – Ano C
9 Permanecermos na palavra de Jesus (Jo 8,31-36)	Quarta-feira da 5ª semana de Quaresma – Anos A, B e C
10 Este é meu Filho amado. Escutai-o (Mt 17,1-8)	2º Domingo da Quaresma – Ano A

11 Orar ao Pai em segredo e sem muitas palavras (Mt 6,5-8)	
12 Jesus se retirava para orar em lugares afastados (Mc 1,35-39)	5º Domingo do Tempo Comum – Ano B

Passagens bíblicas/seções deste livro	Ano litúrgico
Mt 4,24-33 • 4 Ânimo! Sou eu. Não temais	19º Domingo do Tempo Comum – Ano A
Mt 6,5-8 • 11 Orar ao Pai em segredo e sem muitas palavras	
Mt 11,25-30 • 5 Vinde a mim todos os que estão cansados e sobrecarregados	14º Domingo do Tempo Comum – Ano A
Mt 17,1-8 • 10 Este é meu Filho amado. Escutai-o	2º Domingo da Quaresma – Ano A
Mc 1,35-39 • 12 Jesus se retirava para orar em lugares afastados	5º Domingo do Tempo Comum – Ano B
Mc 7,31-37 • 7 Abrirmo-nos a Deus para ouvir sua boa-nova	23º Domingo do Tempo Comum – Ano B
Lc 10,38-42 • 8 Sentarmo-nos para ouvir a palavra de Jesus como discípulos	16º Domingo do Tempo Comum – Ano C
Lc 11,9-13 • 2 Pede, busca, chama	17º Domingo do Tempo Comum – Ano C
Jo 1,35-39 • 1 O que buscais?	2º Domingo do Tempo Comum –Ano B
Jo 8,31-36 • 9 Permanecermos na palavra de Jesus	Quarta-feira da 5ª semana de Quaresma – Anos A, B e C

Jo 20,11-18 • 6 Buscar Jesus como Mestre em nosso interior	Terça-feira na oitava da Páscoa – Anos A, B e C
Jo 20,19-22 • 3 Recebei o Espírito Santo	Domingo de Pentecostes – Anos A, B e C

Ano litúrgico	Passagens bíblicas/seções deste livro
2º Domingo da Quaresma – Ano A	Mt 17,1-8 • 10 Este é meu Filho amado. Escutai-o
Quarta-feira da 5ª semana de Quaresma – Anos A, B e C	Jo 8,31-36 • 9 Permanecermos na palavra de Jesus
Terça-feira na oitava da Páscoa – Anos A, B e C	Jo 20,11-18 • 6 Buscar Jesus como Mestre em nosso interior
Domingo de Pentecostes – Anos A, B e C	Jo 20,19-22 • 3 Recebei o Espírito Santo
2º Domingo do Tempo Comum – Ano B	Jo 1,35-39 • 1 O que buscais?
5º Domingo do Tempo Comum – Ano B	Mc 1,35-39 • 12 Jesus se retirava para orar em lugares afastados
14º Domingo do Tempo Comum – Ano A	Mt 11,25-30 • 5 Vinde a mim todos os que estão cansados e sobrecarregados
16º Domingo do Tempo Comum – Ano C	Lc 10,38-42 • 8 Sentarmo-nos para ouvir a palavra de Jesus como discípulos
17º Domingo do Tempo Comum – Ano C	Lc 11,9-13 • 2 Pede, busca, chama
19º Domingo do Tempo Comum – Ano A	Mt 14,24-33 • 4 Ânimo! Sou eu. Não temais
23º Domingo do Tempo Comum – Ano B	Mc 7,31-37 • 7 Abrirmo-nos a Deus para ouvir sua boa-nova

Série Recuperar Jesus como Mestre Interior

- *A renovação do cristianismo*
- *Despertar uma atitude de busca*

CULTURAL

Administração – Antropologia – Biografias
Comunicação – Dinâmicas e Jogos
Ecologia e Meio Ambiente – Educação e Pedagogia
Filosofia – História – Letras e Literatura
Obras de referência – Política – Psicologia
Saúde e Nutrição – Serviço Social e Trabalho
Sociologia

CATEQUÉTICO PASTORAL

Catequese – Pastoral
Ensino religioso

REVISTAS

Concilium – Estudos Bíblicos
Grande Sinal – REB

TEOLÓGICO ESPIRITUAL

Biografias – Devocionários – Espiritualidade e Mística
Espiritualidade Mariana – Franciscanismo
Autoconhecimento – Liturgia – Obras de referência
Sagrada Escritura e Livros Apócrifos – Teologia

PRODUTOS SAZONAIS

Folhinha do Sagrado Coração de Jesus
Calendário de mesa do Sagrado Coração de Jesus
Almanaque Santo Antônio – Agendinha
Diário Vozes – Meditações para o dia a dia
Encontro diário com Deus
Guia Litúrgico

VOZES NOBILIS

Uma linha editorial especial, com
importantes autores, alto valor
agregado e qualidade superior.

VOZES DE BOLSO

Obras clássicas de Ciências Humanas
em formato de bolso.

CADASTRE-SE
www.vozes.com.br

EDITORA VOZES LTDA.
Rua Frei Luís, 100 – Centro – Cep 25689-900 – Petrópolis, RJ
Tel.: (24) 2233-9000 – Fax: (24) 2231-4676 – E-mail: vendas@vozes.com.br

UNIDADES NO BRASIL: Belo Horizonte, MG – Brasília, DF – Campinas, SP – Cuiabá, MT
Curitiba, PR – Fortaleza, CE – Juiz de Fora, MG – Petrópolis, RJ – Recife, PE – São Paulo, SP